中国を追われたウイグル人

——亡命者が語る政治弾圧

水谷尚子

文春新書
599

中国を追われたウイグル人——亡命者が語る政治弾圧◉目次

本書関連地図
ドイツ
ミュンヘン
カザフスタン
ウルムチ
アルマトイ
ウズベキスタン
ビシュケク
新疆ウイグル自治区
ティラナ
イスタンブル
タシュケント
キルギス
アンカラ
トルコ
カイセリ
アンディジャン
カーブル
イスラマバード
アルバニア
中国
アフガニスタン
パキスタン
ネパール
サウジアラビア
インド
メッカ

新疆ウイグル自治区
カザフスタン
モンゴル
キルギス
タジキスタン
アフガニスタン
パキスタン
チベット自治区
青海省
甘粛省
アルタイ
博楽
コルガス
グルジャ(イリ)
チャプチャル
アルマトイ
ビシュケク
ウルムチ
コムル
(ハミ)
コルラ
アクス
アトシュ
ケルピン
カシュガル
アクト
ヤルカンド
タシュクルガン
ホタン
ロプノール
タリム盆地
タクラマカン砂漠

序にかえて

本書は、一九九〇年代後半以降、中国から政治的理由で海外に亡命した、或いは現在でも政治犯として中国の獄中にあるウイグル人たちの半生の記録である（注：二〇〇七年秋時点）。彼らが亡命や投獄されるに至った原因は様々だが、共通するのは、中国共産党政権から「国家分裂主義分子」つまり「東トルキスタン」独立運動に何らかの形で関与した者と見なされた点だ。

筆者は二〇〇六年三月、ウイグル人亡命者の組織である「世界ウイグル会議」現主席、ラビア・カーディルにインタビューした事をきっかけに、その後、世界各国に散らばるウイグル人亡命者への聞き取り調査を行なうようになった。随分沢山テープを回したが、その中から、「語り」や人柄に魅力を感じ、信頼に足ると思われる亡命者の証言を選んで活字に起こしたのが、拙著である。

筆者が出会った亡命者の中には、武力による反政府闘争に関わった者もいるが、本書には入れていない。それについては別途改めて、証言とその検証を書きたいと思う。

　ウイグル人亡命者の口述史を纏める作業は、まるで平均台の上を歩かされているような感覚である。彼らの「語り」は、傍証となる資料を探すことがほぼ不可能で、客観的検証が非常に難しい。執筆時は常に、証言者の「語り」が本当に信頼に足るものなのか、自分自身が記している内容が正しいのかどうか、自問し続けている状態だった。だが、たとえ亡命者たちの「語り」の中に「語りたくない部分」があったとしても、それでもなお彼らの語れる部分に耳を傾け、彼らと痛みを分かち、それらを活字に残しておきたいと思った。

　二〇〇一年、アメリカNYで起きたテロをきっかけに、中国政府は世界的な「テロとの戦い」の潮流に便乗して、これまで「国家分裂主義分子」などと呼称していたウイグル人民族主義者を、「恐怖分子（テロリスト）」呼ばわりするようになった。この頃から中国では、ウイグル人の反政府運動に関する書籍や番組が、数多く発行・公開されるようになったが、記されている内容は、本書の亡命者の証言とは百八十度、見解が異なっている。拙著が一つの事象を見るための側面素材となることを望んでいる。

第一章

ラビア・カーディル

——大富豪から投獄、亡命を経て東トルキスタン独立運動の女性リーダーへ

デモの先頭に立つ
ラビア・カーディル

本章では、中国十大富豪の一人で、中国人民政治協商会議委員など中国政治の要職を長期にわたって務めた経験がありながら、その地位を剝奪され、財産を奪われ、政治犯として約六年間投獄された、ウイグル人女性・ラビア・カーディルさんへのロングインタビューを紹介する。○五年米国に政治亡命してから僅か一年の間に、彼女は、海外在住ウイグル人による東トルキスタン独立運動のリーダーとなりつつある（中国人の呼ぶ「新疆《しんきょう》」を、彼らは「東トルキスタン」と呼称する）。欧米のメディアに何度も登場し、人権問題を中心に積極的に発言している彼女は、ここ数年ノーベル平和賞の有力候補に名が挙がっている。

私がラビア・カーディルの名を初めて耳にしたのは、一九九五年に放送されたNHKスペシャル『中国　12億人の改革開放』の第七回「新疆カザフ国際列車」に於いてであった。番組ではラビアについて、「改革開放が始まると、僅か六十元で商売を始め、九一年には一族で一億三千万元の資産を持つ中国十大富豪のひとりとなった。慈善事業家としても知られ、九二年には露店しか持っていなかったウイグル商人たちのため、千四百万元を投資してウルムチの二道橋に、新疆の厳しい気候を凌げる八階建商業テナントビルを建設。新疆ウイグル自治区個人事業家協会副会長などを務める有名人」と、絶賛に近い形で紹介されていた。つまり、九五年時点では、ラビアは中国にとって都合のいい広告塔として使われていたのである。

だが、ラビアは、富と名声から多くの政府の役職を得ても、決して共産党の政策に従順だったわけではなく、かえって中央官僚にさえ臆さず、民族を代表して「新疆」の窮状を訴え、改善を求める発言を繰り返した。

そんな彼女の姿は、ウイグル人には希望の光に映ったが、中央にとってはやっかいな存在だった。度重なる政治批判から疎まれたのだろう、九七年、すべての役職を解かれ、監視下に置かれるようになる。そして九九年八月、「外国組織に国家機密を漏洩した」と「国家安全危害罪」に問われて逮捕され、懲役八年を言い渡された。アメリカ在住の夫に東トルキスタン独立運動に関する新聞の切り抜きを郵送したことが口実となった。新聞は合法的に発行されたものだったという。

この事実は「新疆」から遥か遠い北京にまであっという間に広がり、ウイグル人コミュニティに大きな衝撃を与えた。ちょうど北京のウイグル人街、甘家口と魏公村が「区画整理」の名目で取り壊されていた最中であったから、ラビア投獄は北京在住ウイグル人にとって、「弾圧はここまで来ているのか」と感じさせる深刻なニュースであった。

その頃、私は北京に留学していたが、中華料理が口に合わず、毎日のようにウイグル料理店で夕食をとっていた。あちこちのウイグル料理店ではウイグル人たちが、ひそひそ小声でラビアの噂をしては溜息をついていたものだ。

ラビア逮捕から釈放までの約六年間、アメリカの首都ワシントンＤＣに事務局を置くＵＡＡ

(The Uyghur American Association 在米ウイグル人協会) 等の人権擁護団体は、毎月——炎天下も雪の日も——在米中国大使館前までラビア釈放を求めるデモを組織するとともに、中国政府に対してラビアの釈放を求めて働きかけるよう、アメリカ議会に嘆願運動を起こした。こうした地道で平和的な人権運動は、欧米人の心を動かし、二〇〇四年ノルウェーに本部を置くラフト人権財団は、獄中のラビアにラフト人権賞を授与し、〇五年三月十七日、欧米からの圧力を受けて、ついに中国は、ライス・アメリカ国務長官の訪中直前にラビアを釈放、アメリカへ亡命させた。

〇六年三月、ジャーナリスト・古森義久氏の紹介で、私はラビア・カーディルさんに亡命先のワシントンDCでお会いする機会を得た。彼女は〇六年一月五日、自宅近くで、不自然な自動車事故に遭い、コルセットを胴や首に巻いた痛々しい姿で取材に応じてくれた。インタビューは三月二、三、九日、彼女の事務所及び自宅に於いて行なった。口述時に彼女が使用した言語は、漢語(中国語)及びウイグル語である。

注:彼女の名 Rabiyä Qadir (漢語表記:熱比亜卡德爾) を「レビヤ」と表記する記事も散見されるが、ウイグル語発音に近い「ラビア」で統一した。彼女が親から与えられた名は「ラビア」で、「カーディル」は彼女の父親の名である。このようなウイグル人の名付けの習慣から、呼称は「ラビアさん」とした。

中国共産党の圧政に沈黙しない——ラビア・カーディル

政治亡命から約半年後の〇五年十一月一日、ホワイトハウス近くに月千五百ドルで、小さいながらセキュリティのしっかりした個人事務所（注：六畳ほどの広さ）を開きました。多くの在米ウイグル人たちは、決して経済的に恵まれた生活をしていません。それなのに、事務所を構えるとき、私のために一家族千ドル単位で寄付をして下さった。本当に感謝しています。自宅からオフィスまで、車で片道三十〜四十分かかるのですが、このような通勤距離はアメリカでは普通のようです。英語が流暢でアメリカを熟知している秘書のスレイヤが、片腕となってくれています。

交通事故にあったのは、事務所開きから約二ヶ月後でした。事故現場は家のすぐ近くでした。時刻は、帰宅途中の夜七時頃。秘書が運転し私が助手席に座っていました。見通しが悪い道ではないのに、車が正面から衝突してきて、当たったのちにバックして、また衝突するという行為を三度繰り返しました。三度目の衝突直前に、秘書も私も車から逃げ出しました。私たちの車は大破して使えなくなりました。スレイヤは軽傷ですみましたが、私は肋骨を折り、首の骨にひびが入る重傷を負い、まだ傷が癒えていません。警察の調べによると、運転手はヒスパニック系の不法滞在者で、男の乗っていた車はマイクロバスのような大型バン。男は逃走中で、車は盗難車だったそうです。

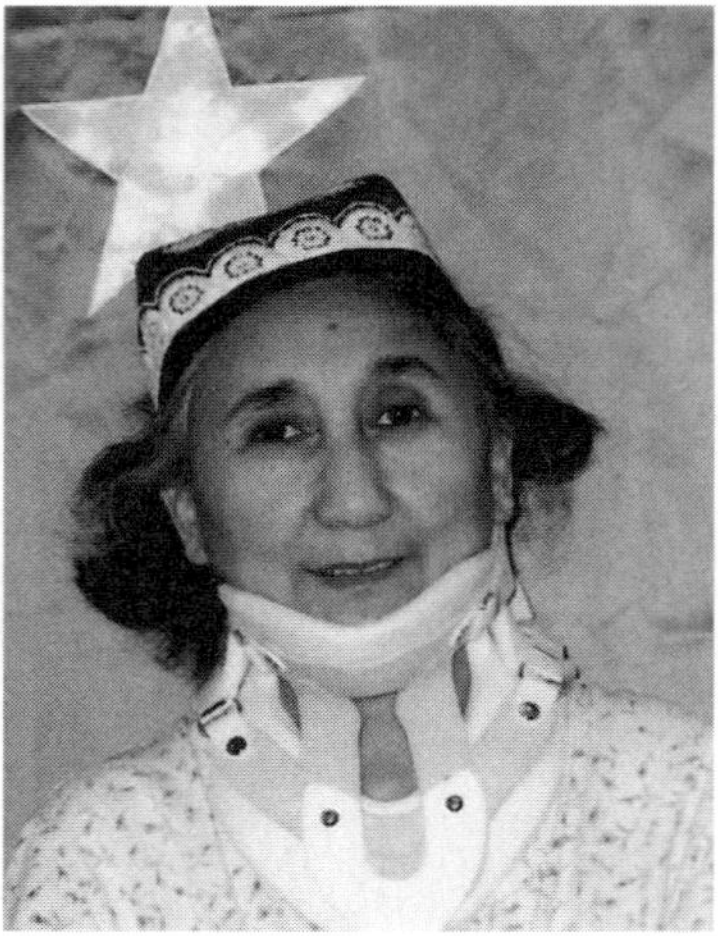

痛々しい姿のラビア女史

暗殺未遂ではないかとの噂が広まっているようですが、憶測でものは言えません。アメリカの警察がちゃんと調べてくれていますので、その結果報告を待っています（注：現在も犯人は逃走中である）。

交通事故からまだ二ヶ月余りですが、事務所に来客が絶えることがなく、忙しいです。医者には安静を言われているのですが、仕事をせずにはいられない。こうして命があるのは神様の思し召しだと思います。

私は「東トルキスタン」の人々から何かを借りていて、それを返さなくてはならないように感じているのです。「新疆」では何千人というウイグル人が政治犯として刑務所に入っているのに、誰も（政府が）怖くて収容者の名を口にできない雰囲気がある。ところが、私が刑務所に入ったらウイグル社会全体で大騒ぎになった。逮捕されたときには、ウルムチの自治政府前で自然発生的な集会が起こり、五百七十人が逮捕されたと聞いています。幸いにも武装警察は発砲しなかったけど、参加者は短くて三日間、長くて二週間勾留されたそうです。こうして私を支持してくれる人々のためにも、働き続けたいのです。

共産党が引き裂いた最初の結婚

さて、時間を追って、私自身について語りましょう。

中国政府発行のパスポートには一九四六年生まれと記していますが、正しくは一九四八年十一月十五日、アルタイ生まれです。なぜこの様な記述になったのか分りません。

生家は理髪店や銭湯や食堂や、ナンを売る小さな商店などを経営しており、豊かでもなく貧しくもない、普通の幸せな家庭だった。商いの規模は大きくはなかったけれど、父は堅実な商売をしていて、そんな父の手伝いをしながら育ったので、私は自然に商売のイロハを身に付けました。母はドッタル（注：ウイグル族の民族楽器）を奏で、歌や踊りが大好きな陽気な人だった。

当時、アルタイではロシア人は多かったのですが、漢族を見かけることは極々稀で、たまに漢族がいたら「ヒタイ（中国人）だ」と噂になったものです。山岳地帯に住むカザフ族と、麓に住むウイグル族との関係は良好で、互いに密な往来をしていました。

アルタイのウイグルの家々は豊かで、私の家など他家に比べたら、豊かとは言えない部類でした。庭には犬を飼い、美しい木々や香りのよい花々が何種類も植えられ、裏の山からは鳥が飛んできて囀っていました。しかし、そんなアルタイの風景が一変したのは、この地が中華人民共和国の統治下に入ったときからです。

一九四九年、中国共産党の軍隊が「東トルキスタン」を占領し、ウイグル族、カザフ族を問わず、お金持ちの家の人々を逮捕しました。逮捕者は着の身着のまま大きなトラックに乗せられ、タリムの砂漠にある労働改造農場や、監獄へ送られていきました。私の家はそれほど金持ちではなかったので、その時は難を逃れましたが、六二年に再度、各家の調査が行なわれ、その時に「資本家」のレッテルを貼られ、家も土地も店もすべてを没収され、家財道具もトラックに積まれてどこかに持って行かれてしまった。父はアルタイを離れたくなくて、こっそり一人で山に逃げていった。残された母と私と幼い弟妹たちは、トラックに乗せられ、タクラマカン砂漠に連れて行かれ、そこで置き去りにされました。

砂漠地帯から大変な思いをして、アクスまで行きました。同地の師範学校で姉が先生をしていたので、そこに身を寄せようと考えたのです。それしか食べていく手段を思いつかなかった。しかし、姉には母や私を抱えて、皆をおなかいっぱい食べさせるほどの経済力はなく、結局、私たちは路頭に迷うことになりました。母は指輪やピアスなどの装飾品から洋服に到るまで、すべてを売り払いました。

その時私は十五歳で、アクスでは、はっと人目を引くほど美しかった。アクスの某銀行の科長（注：ウイグル人）が私を見初め、大家さんを経由して結婚の打診をしてきました。その男性や家族は、私たちの生活が苦しいことを熟知していて、嫁いでくれるなら、アクスに戸籍を持てるし、一家全員を養うと約束すると、伝えてきました。その頃私は、本当は学校に行ってもっと勉強がしたかった。アルタイにいた頃、カザフ族の小中学校で学んだだけだったから。でも、家には食べる物はない。何ヶ所も職場を探したが、どこも雇ってくれない。母は慣れない生活に病気になり、泣いてばかり。妹や弟は幼い。「結婚したくない」と母に心を打ちあけたけれど、母は「考え直してくれないか」と苦しそうに言いました。その男性は私よりかなり年上で、二十七か二十八歳でした。悪い人ではなく、私たちの窮状をどうにかしてやりたいと思ったのでしょう。私は考えに考えて、お嫁に行くことを決意すると、その男性の母親から二キロの飴のプレゼントが届けられ、そうして私はその家に嫁ぎました。

私たちがアクスで戸籍を持つと、父がアルタイからやって来て、母たちと共にクチャへ移住しました。父はその地の理髪店で仕事を見つけましたが、母は相変わらずクチャにも馴染めず、アルタイでの生活を懐かしんで精神を病み、七八年、五十七歳の時に胃癌で死にました。

文化大革命の嵐がやって来た頃、夫はアクスの某銀行の支店長となっていました。共産党幹部であった彼の給料は七十元。私たち夫婦に彼の母、六人の子供（長男・長女・次女・次男・三男・四男の順）、計九名の大家族を養うには、少ない給料でした。私は家庭の主婦で、時間がありましたし手先が器用でしたから、女性下着に付けるレースの花など綺麗な刺繡細工をいっぱい作って、幹部の奥さん達にこっそり売っていました。そうして一週間に三十元、一ヶ月に百二十元を稼ぐようになりました。夫より多い稼ぎを得るようになったのです。稼ぎを生活費に充て、一家は肉が食べられるようになった。

ところが、これを公商局や公安が知るところとなり、ある日、家宅捜索にやって来た……。その日、夫は会議に参加するため三日間の予定で出張に行ったのですが、どこから話を聞いたのか、その日のうちに帰宅しました。私は「不法に商売をした資本主義の走狗」と糾弾され、「このままなら夫も連座制で職も幹部の地位も剝奪する」と共産党の指導者に通告された。夫を愛し、家族を大切に思っていた私は、惨めにも泣いてすがって「別れたくない」と夫に懇願しました。でも彼は、「別れるしか生きていく道はない」と、私を突き放しました。

六人の子はとりあえず彼の家に預けて、私は自活の道を探さなくてはならなくなった。漢族の言葉は分らない。学校は出ていない。住む家はない。人を頼って部屋を借りたものの、明日からどうやって生活したらよいのか、見当がつかなかった。

洗濯屋から中国十大富豪に

夫に離縁された一九七七年。私が最初に商売を始めたのは、この年です。三ヶ月の間、洗濯屋として働きました。別れた夫の家に預けてある幼い子供を早く取り返したい。なりふりなんか構っていられなかった。現金収入が必要だったのです。

商売が禁止されていた時代でしたが、クリーニング屋は法に規制されず仕事が出来ました。当時は洗濯機がなく、手で洗濯板を使って一日百枚の服を洗いました。政府の役人の給料がひと月で七十元の時代、私は一日で五十元を稼いだ。稼ぎは取り返した子供たちのために使ったりしましたが、それでも四千元の貯金が出来ました。あの当時、四千元の貯金を持つ者など誰もいなかった。自分で汗を流して働き、自力で貯金を作って、私は大いに自信がつきました。けれど、他人は私を全く相手にしてくれなかったのです。なぜなら私は洗濯屋だったから。クリーニング屋は社会的地位が低かった。私たちウイグル人は貧乏なのに、そういう職業身分制度のような考え方があって、人の嫌がる仕事をしたがらないから、漢族に仕事を奪われる。よくないことです。その後も私は、掃除や廃品回収の類など、「底辺労働」と言われる仕事も積極的にやりました。

貯金を元手に、七七年から八七年までの十年間、今度は「循環商売」、今で言う物々交換を始めました。七〇〜八〇年代は、漢族にはまだまだ貿易とか商売という発想がなく、商売は悪いことだという価値観の時代でした。文化大革命がやっと終わったこの時代、田舎には石鹸や婦人雑貨などを売る小売店がほとんどなかった。もっとも、店を構えても農村には現金が流通していないので、農民の手元にあるモノといえばヨーグルトや米や油や麦、羊の皮。年中野良仕事をしても、田舎の人はお金を持っていない。だから、日用品を三輪車のような荷車に載せて農村に持っていき、それらを羊の毛皮などと交換したのです。羊の皮は私の田舎辺りでは当時六元ぐらいの価値でしたが、ホタン（和田）に持っていくと、ホタンの人は羊の皮の帽子をかぶるので、三十〜四十元で売れました。五〜六倍の値段です。ホタンでは絨毯を買い、それをウルムチなどの大都市に持っていくと、一枚につき百元ぐらい利益が出ました。

商売をしていて、ウイグル人の正直さに心を打たれたことがあります。

ある村で、農民の奥さんたちが婦人雑貨をとても欲しそうにしていて、「羊の皮は無いから米や麦と交換して欲しい」と懇願する。可哀想に思って交換したのですが、穀物は重いし転売が難しかったから、「次に来るまで預かっておいて」と各家に置いてきました。一年後、その村を再び訪れたとき、「あなたの米と麦を持っていって下さい」と奥さん達に声をかけられ、びっくりしました。私はどの家に穀物を置いていったかも忘れていたのに。村はその年、作物の出来が悪く、飢饉で、家々にはろくに食べ物がなく、子供たちは飢死寸前だった。それなのに、交換した穀物には手を付けずにいたのです。

奥さん達は申し訳なさそうに「もしよければ、あなたの穀物を貸してくれませんか。新しい穀物が出来たら、それを返しますから」と申し出ました。私は彼女たちの心が嬉しくて、「もちろんよ」と快諾したばかりか、商売のために持って行った品々を、全部貧しい家に配って、商売せずに帰ってしまった。その後、村中に、いえ、村々を越えて私の噂が伝わったそうです。儲けるだけでなく、取引先が困っていたら商売相手を助けるという私の商売方法が、ウイグル人の間に、社会的信用を築いたようです。

七〇年代末期に鄧小平の改革開放政策が発令されたとき、私は嬉しくて小躍りした。八一～八二年、周囲に止められたけど、私はひとりで仕入れのため上海に行きました。「商売をやってるの」と言ったら、上海の人さえ驚いたくらい、商売人が少ない時代でした。布など上海の品を「新疆」に持っていったら二～三倍で売れた。中国が経済発展し、人々が商売に目覚めた頃、私はある程度の金をすでに作っていました。

次に、不動産を扱うようになりました。ソ連が崩壊したときは、中央アジアに走り、ウズベキスタン、カザフスタン、アゼルバイジャン、キルギスタン、トゥルクメニスタンのめぼしいビルを二万〜三万ドルで買収したのです。三万ドルで買った建物が、のちに三十万ドルで売れました。それから、鉄鋼を一トンあたり二百〜三百ドルで買い付け、中国に持って行ったら十倍の利益が出ました。鉄鋼はウルムチに運んだら、その日のうちに売れてしまいました。私が一年間このように商売したら、他の商人たちも蜂が蜜に群がるように旧ソ連圏に行くようになったのです。タジキスタンにインスタントラーメンを持っていったら、ちょうどアフガニスタンが戦争状態だったから、こういった食糧は戦場で十倍の値で売れました。兵隊たちは商人から奪った綿花を持っており、そんな物があっても戦場では何の役にも立たないので、それらを食糧と交換しました。

この頃、私は何をやっても儲かった。どこに手を伸ばしても金が出てきた。中央アジアの人々は、ラビアが来ると言ったら、「おお、金が来た」と笑うのです。私がどこかに出かけると、「どんな儲け話があるのか?」と沿海地域の商人さえ注目していました。

再婚……そして夫の政治亡命

私の戦友で顧問で秘書でもある今の夫、シディック・ハジ・ロウジ(Sidiq Haji Rozi 漢語表記:斯得阿吉)は、一九四四年アトシュの生まれです。彼の父は地主階級で、五五年に労働改造所（政治犯を含む犯罪者を強制収容する施設）におくられ、同年死亡しています。姑が女手一つで、大学卒業まで育てあげたのだそうです。

シディック・ハジとの間には二人の娘と一人の息子がおり、前夫との間に出来た次女と、もう一人の私の子とともに、一緒にアメリカで暮らしています（注：ラビアには計十一人の子がいる。前夫との間の六人の子の内、五人が「新疆」在住。夫の連れ子〔男〕はオーストラリア在住。もう一人、養女がおり、彼女の父は「三区革命」に参加したため文革で批判されて死亡、母親も父の後を追って自殺したため、ラビアが引き取ったのだとシディック・ハジが語ってくれた）。

夫と私はお互いを愛し、尊敬し、助け合って仕事をし、何より同じ目的のために生きている。私は世界で一番幸せな女性です。彼といたら、「東トルキスタン」を独立させることができると思えるのです。うちの家族は皆で食卓を囲んでも、夫のおかげでいつも政治談義に明け暮れるのです（笑）。

夫は、優しいときはとても優しいけど、腹が立つこともあります。民族意識が大変に強いひとで、頑固だから、たまに人と衝突する。なにせ、自分が正しくないと思った人を許さない人なのです。そんな性格は、彼の長い獄中体験から形成されたのかも知れません（注：シディック・ハジは、他者批判をしても根に持っている風はなく、客好きで人なつっこく、笑い方が豪快な男性だった）。

彼は六六年に新疆大学文学部を卒業しました。同年に文化大革命が始まると、新疆では、イスラム教の指導者に豚を飼わせたり、無秩序状態でもうむちゃくちゃだった。

六七年十一月、新疆の高等教育機関に学ぶウイグル人青年が、紅三聯学生組織という青年政治団体を結成したのですが、彼はそのリーダーでした。紅三聯は六八年五月十六日、民族の権利の平等を要求し、中国のウイグル自治区支配を批判するため、ウルムチで大きなデモを起こしました。デモ隊の数は時間を経るごとに増え一万五千人規模にまで膨らんだと言います。

騒動を知った周恩来は、「要求があれば軍区のトップの許可を得て申し出るように、デモはするな、訳の分からぬスローガンは叫ぶな」と厳命したと聞きます。文革の混乱で自治区政府の組織などは崩壊していました。紅三聯の主要構成員十人のうちの一人、アイタンらは、中央から直接通達された「圧力」から、危険を察し、身を隠しました。

六九年一月、デモ扇動の罪でシディック・ハジは真っ先に逮捕されましたが、拷問にあっても他の仲間の名とその所在地を吐かなかった。その間に残り九人(シディックを除いて、六人のウイグル族と三人のカザフ族)はウルムチを離れ、三月に博楽市から雪の積もる国境を越えて、ソ連(現カザフスタン)に逃亡しました。結局彼一人が全責任を負って、七七年七月末まで六道湾看守所に、その後七八年一月までアクス兵団監獄に、約九年間もの長期にわたって収監されたのです。

逮捕前、彼はクラスメートと結婚していましたが、離婚を望む妻に同意し、獄中で法手続きをしたそうです。実は私は、前夫の子を産んだ産院で、やはりシディック・ハジの子を出産した彼の元妻と会っています。優しそうで穏やかな女性でした。シディック・ハジについては、「子供より仕事より、民族問題にばかり興味のある困ったひと」と語っていました。余談ですが、私は今、彼女とも、前夫の現在の妻とも、仲良くしています（笑）。

前夫と別れてから約一年、私の商売は軌道にのり、その頃には夫の所に帰りたいとは思わなくなっていました。独身で三十歳。女盛りの私には、言い寄る男性も多かった。私も結婚したいと思ったけれど、保身のため、党の言うがままに女を捨てるような男は、二度と御免だった。それに、小商いを始めた経験から「どうしてウイグル人は貧しくて権利が無く、どうして漢族は豊かで権力を持っているのだろう」と、中国共産党政治への猜疑心が日々強くなっていった。「学があって、文章が書け、自民族のためになら投獄されることも厭わないような男性がいたら結婚したい」と周囲に漏らすと、知人が「あなたの理想の人よ」と紹介してくれたのが、シディック・ハジでした。

出所したばかりの彼は、全くお金を持っていなかった。仕事を探そうにも、経歴が経歴だから見つからない。アトシュの農場で農作業を手伝っていましたが、知識人だから体力に限界がある。私は彼に会いに行き、求婚しました。「誰もあなたをいらないなら、私があなたをもらっていく。私の美貌も財産も全部あげる。私にとってあなたは共産党に刃向かった英雄だ」と口説きました。最初、彼は呆れかえって、取り合ってくれなかった。ウイグル人社会は男尊女卑の極端な男社会です。「女から男に結婚を迫るなんて、過去に聞いたことがない」と。腹を立てて、私は一旦引き返しましたが、彼も私が気になって仕方なかったのでしょう。結局、出所から半年足らず、七八年六月に結婚しました。

七九年から八〇年まで、私たちは一緒に広東や上海にこっそり商売に出かけました。新婚旅行みたいなものでした。八二年から彼は新疆教育学院（注：現在の新疆教育大学）で中国現代文学を教えるとともに、批評家として新聞雑誌に多くの文章を投稿しはじめました。彼のウイグル語による論評は、中国共産党の排外主義批判、「政府がウイグル族とカザフ族の間に不要な摩擦を起こさせようとしている」との政治批判など、歯に衣着せぬ物言いだから、相変わらず、中国共産党からは嫌われて、睨まれっぱなしでした。

夫は一九九六年に、John W. Garver が著した"Chinese - Soviet Relations 1937–1945"の漢語訳『対手与盟友』（一九九二年、社会科学文献出版社）のウイグル語訳を出版しました。この本には第二次大戦後の世界をどう線引きするかが話し合われたヤルタ会議の詳細が紹介されています。私たちの「東トルキスタン」の命運も、このとき決まった。それをウイグル人に知らしめるため、同著を訳したのです。

この時から彼は国家安全部に完全にマークされました。党は過去に彼が書いた文章を新聞などで徹底批判し、検察や警察は夫を逮捕しようと画策しはじめた。それを察知した私は、彼のパスポートを申請し、同年四月二十四日、アメリカに政治亡命させました。

江沢民・胡錦濤を前に反政府演説

私は改革開放路線を選択した鄧小平さんを偉いと思っていました。「改革開放政策で中国はきっとよい国になるに違いない」「いま一度、中国の政府や共産党を信じてみよう」と、政界の勧誘に従い中国共産党に入党しました。少数民族出身で、女で、高等教育を受けておらず、漢語も下手で、幹部の子弟でもなかったから、よけいにクリーンで模範的党員であるよう努めました。様々な国家行事のたびに寄付をし、青年に職業技術を身に付けさせる教育施設などにも大口の寄付をしました。

お金持ちになるにつれ、党は、商工会議所の副議長だの、全国政治協商会議の委員（注：九三年~九七年）だの、数え切れないほどの役職を私に与えました。民衆に人気がある人物に役職を与え、その人をコントロールしつつ、人民を操縦するのが中国共産党のやり方だったからです。孫悟空の頭に巻かれた輪っかの如く、役職を私にしばり付け、ウイグル人が中国共産党の言うことを聞かなかったら、ラビアの頭が痛むようにしたかったのでしょう。残念ながら、

「中国十大富豪」時代

それは出来なかった（笑）。

政治に参加し始めたとき、「新疆」の惨状を正確に、北京の漢族の党高級幹部らに伝えたら、彼らだってきっと理解してくれる、そして、私たちの土地が少しはよくなるものと信じていました。それはいまから思えば呆れるほど甘い考えで、換言すれば、私は中国の政治というものを、ちっとも理解していなかったわけです。その頃は、「ウイグル自治区のウイグル人の役人がしっかりしていないからいけないんだ」と、ウイグル人官僚を叱咤激励する形で陳情を繰り返していましたが、それでは埒があかなかった。中央の党指導者達は、その場では「ハオ」と私の発言や提言を褒めてくれても、それを真剣に受け止めようとはしなかった。

そこで、夫がアメリカに政治亡命した九六年、私は一大決心をしました。北京の人民大会堂に、約四千八百人が集う政治協商会議の席上で、ウイグル族の人権問題について演説しようと計画したのです。周到な準備をしました。演説原稿は、本物と偽物の二種類作り、事前に、党には偽物を提出しておき、当日読み上げる本物の原稿は、細心の注意を払って中国語に翻訳しておきました。そして当日。「中国の新疆統治は公平さを欠き、ウイグル人の信教の自由や、母語を使用する権利が尊重されていないこと、当地では大量の政治犯が処刑されていること、大漢族主義をやめて欲しいこと……」などを、九六年と九七年の会議で訴えたのです。私は、「東トルキスタン」の地を愛し、この地の発展と、人々の真の平等を心から願っていたのです。

これらの会議の時に、江沢民国家主席（当時）や李鵬首相（当時）、現・国家主席の胡錦濤と一緒に撮影した写真を保存していますが、この後、彼らが私への態度を変えることを、私は充分承知していました。九七年に私は胡錦濤に対して、「あなたに御礼を言わなくてはいけない。あなたは私を政治家として育ててくれた」と別れの言葉を述べました。

九七年の演説から一ヶ月の後、予想していた通り私は、人民代表の職のみならず、すべての役職を解かれ、パスポートを没収されました。

私が国家安全部に身柄を拘束されたのは九九年八月、アメリカ議会の代表団が宿泊していたウルムチ市内の銀都酒店に、「新疆」の人権問題に関するリポート――それには敬虔なイスラム教徒や反政府思想を持つ者の逮捕拘禁について、労働改造所にいる政治犯の状況について、労働改造所で死んだウイグル人の名簿などを記載していた――を持っていく途中でした。ホテルまであと数キロの場所で、私の乗ったタクシーは、先行車の交通事故により停車しました。するとタクシーをずっとマークし、後ろに付けていた安全部の車から、公安が下りてきて、私を連行したのです。逮捕投獄理由は、アメリカ議会関係者やアメリカ人権委員会に、私が積極的に接近したことが最大の原因ではなかったかと思っています。この時、私の秘書をしてくれていた大学生のカハルマンは三年の、私の仕事を手伝っていた息子のアブリキム（三男で上から五番目の子）は二年半の労働改造所送りの実刑を、裁判なしで言い渡されました。労働改造所で彼らは、毎日眠る間もなく働かされたそうです。

中央政府に潰されて特に悔しかったのは「千の母親運動」です。漢族とウイグル族の収入格差が広がっていくばかりの「新疆」を平等な社会に近づけるため、私が考えたのはウイグル人の母親の「目」を開かせる作戦でした。「新疆」で経済力が最もないのは、家庭の主婦です。お金がないと、礼儀を身につけることも、子供に教育を受けさせることもできず、社会的地位も得られない。母親を覚醒させ、女性に経済力を持たせるべく、母親たちがアイディアを出して始めようとする小さな事業に投資することを企画しました。発展途上の「新疆」に新しい産業の種を蒔き、地域経済を活性化させようという試みは、全中国的に見ても素晴らしいアイディアだったと思います。最初の募集では、二百名の起業したいウイグル人女性を援助しました。二回目は三千人もの女性が集まりました。ウイグル人女性が立ち上がるのが嬉しかった。ところが、共産党はウイグル人女性が世界を知り、経済力を持ち、団結するのが怖かったのでしょう、「千の母親」公司を潰せと命令してきた。彼女たちの事業が発展し、投資した資金が返済されるようになった頃、共産党はこの運動を潰したので資金の回収はできていません。

目前で見せつけられた拷問

安全部の人間に身柄を取り押さえられて、ホテルに連れて行かれ、簡単な取り調べを受けてから、拘置所・六道湾看守所へ送致されました。ここで二年拘禁されたのち、二〇〇〇年十一月からウルムチ市八家戸監獄に入れられました。

偽りの非公開法廷（ウルムチ市中級人民法院）には、政府が準備した弁護士がつきました。政治犯だって普通は自分で弁護士を雇えるはずなのですが、私の場合は個人で弁護士を雇う許可が得られなかったのです。

二〇〇〇年三月法院の最終判決で、「ウイグル族の独立活動家に対する処罰を報じた地元紙記事をアメリカ在住の夫に送り、不法に海外に国家に不利な情報を提供した国家安全危害罪」に問われ、懲役八年の実刑が確定しました。

拘束されたあとの尋問では、殴る蹴るなどの暴行をうけることはありませんでした。私は有名人でしたから、「下手なマネをするな」と上から命令があったのかもしれません。というのも「もし、おまえがラビアではなく普通の政治犯なら、さっさと撲殺しているところだ！」と公安から罵倒されたことがあったからです。

拘置所に入ってしばらくたったある日、公安がやってきて、こう言いました。

「我々にはおまえを殴る権利は与えられていないが、心の血を一滴一滴絞り出して悔やませることはできる。この一ヶ月間、おまえは我々の質問を無視して一つも答えなかったけれど、これからはそういうわけにはいかない。この間、心理状態や行動様式を十分研究し、一番おまえが苦悩する術を知った」

間もなくして、連れていかれた部屋の、壁を隔てた両方の隣室から、男の呻き声が聞こえてくるのに気が付きました。ひとは様々な声を発する生き物だけれど、それは生まれて初めて聞く「音」で、人間の声というより、殺される直前の牛の叫び声、或いは巨大な怪物が地底から発している叫びのようでした。意識を失ったのか、声が途絶え、また再び叫び声が戻ってくる。苦しそうな悲鳴に、拷問の残酷さが想像されて、全身が震え、血液が凍っていくのを感じました。血の気がひいた私を見据え、担当の公安は私に「調子はどうだ?」と尋ねたのです。

それから大分たってから、一人のウイグル人青年が、二人のウイグル人の公安に肩を摑まれ引きずられて、瀕死の状態で私の目の前に連れてこられました。ウイグル人公安の上司なのでしょう、ついてきた一人の漢族が、「ラビア、おまえの民族英雄たちの顔を見ろ!」と言い放ち、私が凍り付いていると、その男はまた「右を向け」と命令しました。恐る恐る目線を向けると、もう一人のウイグル人青年が、同じように地面に投げ捨てられていました。彼ら二人は、下半身ばかりが血だらけなのです。馬の尻尾の毛を陰茎に差し込む拷問があると聞いたことがありますが……何をされたのか分りません。酷い拷問を受けたらしく、四肢に力は無く、首も下に垂れ、ぐったりしていました。瀕死というか、二人とも既に死んでいるのではないかと思いました。

漢族の公安が「おいっ、ラビア・カーディル。おまえの国を独立させてくれる英雄たちの最期の姿はこうだ」と叫んだとき、死んでいると思われた青年の一人が、「ラビア・カーディル」の言葉に反応し、首だけ起こして私を見据え、「アッサラームアレイコム、私のお母さん」と苦しい息づかいで語りかけてきました。すると公安は「あいつはまだ死んでない。生きてるな」というようなことを言ったと記憶しています。その青年は、「私たちはウイグル民族のため、母親のために自らを犠牲にしようとここに来た。なぜ、あなたがこんなところに来なければならないのですか？」と呟くと、また意識を失っていました。もう一人の青年はぴくりともしませんでした。

私はメディアなどに「一番つらかったのは何ですか？」と聞かれる度に、必ず「この二時間が最もつらかった」と答えます。私は彼らと同じように拷問されるはずだったのに、私は殴られもせず、前途ある若者が私の代わりに拷問で惨殺された。私は彼らを救わなくてはならない立場だったのに、それができなかった。「なぜ私は何もできないのだろう」と自らを責め、「なぜ彼らや私がこんな目にあわなくてはならないのだろう」と運命を呪いました……。

漢族の公安は、「今日は二つのサンプルを見せたが　私たちは毎日こういうゲームを五十人規模でやっている。やつらの姿を見た以上、おまえは自分の考えを改めろ」「おまえには地位も金もある。死を選ぶか、幸せを選ぶか」「すべてのウイグル人を殺したとしても、東トルキスタン共和国を成立させはしない」と私に向かって滔々としゃべり続けました。私は耐え切れず、漢族の公安に向かって罵倒し続けました。

「動物さえ毎日食事をする。王様にも乞食にも明日がある。私はいま、三食を食べ、生き続けるのが罪深いと思う。もし全ウイグル人が殺害されたとしても、あなたがたのように生きるのは嫌だ。

私はかつて中国人を信じた。正義を信じて様々な政府組織に参加した。もし私たちが中国ではなくロシアやイギリスに侵略されたとしたら、東トルキスタンの地はまた違う姿だったろう。中国と戦った日本人はなぜ、私たちの所にまで来なかったのか。彼らが来たら、私たちの運命は今とは変わっただろう。

人民解放軍が東トルキスタンに来たとき、五年後に帰るという約束だった。それが五十年間も支配している。嘘つきなあなたたちに侵略されて、私たちはこんな酷い目にあっている。あなたたちこそ恥知らずのファシストだ。

私が刑務所から無事に出たら、世界中に『新疆』の人権状況を宣伝する。そして、東トルキスタンの鍵をあなた達から奪っていく!」

公安は私の罵倒をテープに録音し、どこかへ持っていった。二人の青年がその後どうなったのか、私は知りません。あんなに大怪我をしていたら、もう生きてはいないかも……。

漢族の公安は「おまえたちは精神が死んだ民族だ」と侮蔑した。けれど、瀕死の青年が最後まで公安に立ち向かった姿を、私は見ました。私は「新疆」の刑務所で名前さえ記録されずに殺されていった若い政治犯らの姿を決して忘れない。「新疆」の監獄では、政治犯なら撲殺しても平気だったのです。ここまで酷い扱いをされるのは政治犯だけでした。

正式な判決が出た後に送られたウルムチ市八家戸監獄は巨大な刑務所で、男性囚人と女性囚人の棟は分れており、私がいた女子刑務所には六十四名の女子政治犯がいました。

新中国建国直後の「新疆」の監獄は、国民党員で一杯でした。今、「新疆」の刑務所入所者の九割はウイグル人です。ウイグル人のスリ・窃盗・泥棒が沢山入っている。私の子供の頃は、道に落ちていたものを拾って帰ったって、親は子を叱ったものなのに。麻薬中毒患者も多い。そして反共産党の政治犯。反政府組織を結成したり、反政府ビラを配ったりして逮捕されるのです。

ウイグル人は昔は、お客さんを大事にし、正直を是とし、嘘をつくことを悪とする民族だった。ところが、中国共産党の政治運動の影響下で、自分が自分を、親が子を、兄弟が兄弟を騙すようになった。政治が原因で人を騙しても、それは当然のこととなった。私たちの土地はどうしてこんなことになってしまったのか……。

わずか十六歳のシェムシナという美しい少女を、公安がひどく殴っているのを見ました。彼女は敬虔なムスリムで、黒いベールをかぶり、断食礼拝をし、子供にイスラムの教義を教えたかどで、政治犯として投獄されたのです。彼女の悲鳴に「おまえの娘の声が聞こえるだろう」と公安は嘲笑いました。ある時は、手と足を一緒に鎖で繋がれた姿で、大きく前屈みになって歩かされていました。惨めな姿のまま、彼女は目で私に挨拶しながら通り過ぎていきました。そのように、公安はわざと若い政治犯の惨めな姿を私に見せるのです。

真っ暗な独房からアメリカ亡命

精神が破壊されないよう、私はよく自分を「騙し」ました。腹立たしいことがあっても反発したら却ってこちらに不利です。そういうとき、手枷足枷をされている私は、どんな宝石細工を施した金のブレスレットやアンクレットで着飾った姿より、ずっと美しいのだと、今の私はこれまで生きてきた中で、一番かっこいいのだと、わざと自分に言い聞かせ、自分を欺いて英雄視し、そして反抗的な気持ちを抑え込んだものです。

六道湾看守所で最初に放り込まれた独房は、日の光が一筋も入らない真っ暗闇の狭い部屋でした。明かりはあっても彼らはそれを点《つ》けないのです。そこに二年間も閉じこめられました。僅かのすき間から、時間になったら食事が差し込まれるだけです。昼間も外に出させてはもらえず、四十五日間に一回だけ僅かの時間、太陽の下に出してもらえます。暗闇の独房で気がふれたり病んだりする人も少なくないと聞き及んでいたので、「絶対生きてここを出るのだ」と気持ちを強くして、身体が鈍って病気にならないよう、闇の中、しじゅう貧乏揺すりをし、身体を動かしていました。その様をライトの下で見た看守は、「気のふれた女め」と私を罵りました。

公安に答えることが出来る言葉は「ハイ」だけで、それ以外の言葉を使ってはいけなかった。逆らったらイジメや虐待が待っていました。苦難の日々が続きましたが、私は一度も「病気になって死ぬかも知れない」などとは考えませんでした。「絶対生きてここを出られる。そうしたら、民族のために更に多くの仕事をしよう」と祈るように——それを信じていました。

監獄では書きものをすることはもちろんのこと、新聞や本を読むことも、ラジオを聞くこともテレビを見ることも禁止されていましたから、外の世界のことは何一つ分りませんでした。しかし、八家戸監獄に移送され、真っ暗な独房から少しだけ日の光が差し込む三人部屋に変えられた時、看守らの私に対する態度が少し変わってきたことに気づき、「あぁ、誰かがどこかで私のことを支援してくれている。私は一人ではないんだ」と思えて嬉しくなりました。

監獄の部屋は独房ではなくなったけれど、今度は「他人と絶対話をしてはいけない。他人に話しかけてもいけない」と厳命されました。人の顔を見てはいけない、笑ってもいけないと。これは辛かった。監獄の中で、私には何にもすることがないのです。何もしなかった。否、出来なかった……。同じ部屋の二人の囚人は漢族で、麻薬犯と殺人犯でした。彼女たちは毎日、私を監視し、報告することを義務づけられていました。

いつも通達を持ってくるのは、漢族の女公安で「潘指導員」という人物でした。ウイグル族の公安もいましたが、ウイグル族の公安はウイグル族の収容者と、単独で個別に話をしてはいけないという規定がありました。漢族は全くウイグル人を信用していなかったのです。ウイグル族の公安は、何かほほえましいことがあっても人間関係を気にし、(漢族を)怖がって、笑顔を作ることさえ出来なかった。

ハルサハという名の九十六歳の女囚がいました。夫は政治犯として銃殺。子供も二十七歳で銃殺刑となり、彼女は無期懲役でした。教員だった夫は学校でイスラムの教えを説いて死刑となったそうです。「夫も子も天国に行った。私も天国で彼らに会える」と言って、彼女は泣きもしなかった。

まもなく七十歳になるという女囚もいました。彼女の二人の娘も無期懲役でした。この娘は、学校の教員なのにベールをかぶって授業をし、かぶるのをやめろと指導されて拒否しました。

敬虔なイスラム教徒であるだけで中国では「反革命」なのに、「私はウイグル族で、自民族を愛し、私たちの習慣を愛している」と反抗したのだそうです。

「恐怖分子（テロリスト）」容疑で、入所している女囚もいました。

いつの頃からか、三ヶ月に一回、三十分間、子供と面会が許されるようになった。

釈放されるちょうど一年前に、突如、刺繡細工などの労働をするように通達が来ました。

「他人と話をしてはいけない云々」という決まりはそのままでしたけど。

二〇〇五年三月のある日、突然、「面会だ」と言われ、公安が用意した一室に連れて行かれると、子供たちが来ていました。子供たちは処刑される前の最後の面会だと思ったようで、私の腕を強く引っ張り、固く抱きしめてオイオイ泣いていました。二人の公安が監視していたのですが、彼らは「漢語で話せ、ウイグル語を使うな」と命令しました。日常では子供と漢語で話したことはないし、私たちは漢語は母語でないから流暢じゃない。しかも面会時間は僅か五分間。何も話せずじまいだった。ひどいことに、「新疆」にいる五人の子供のうち、三人にだけしか会わせないと言うのです。あと二人も来ていたのに。

それから一週間も経たずに、深夜三時、これまた突如公安に叩き起こされ、服を着替えさせられ、外に連れ出されました。その時、監獄勤務ではない黒いサングラスをかけた私服警官が二百人くらいいたでしょうか。公安の車で飛行場に連れて行かれましたが、飛行場には誰も旅客はおらず、準備されていた飛行機に、大勢の私服警官と共に乗せられました。北京に到着するとアメリカの大使館員がやってきて、諸手続きをし、アメリカ大使館に身柄を引き渡されました。

こうしてアメリカ行きの飛行機に乗り、私は亡命したのです。中国政府は、国連人権委員会、アメリカやヨーロッパ各国の政府や議会、アムネスティ・インターナショナルなどからの嘆願や圧力を受けて、「医療上の理由」ということで私を釈放したようです。

子供たちはこの経緯を知らず、胸が潰れるほど私のことを心配したと思います。出国前に彼らに会いたかった。会いたくてたまらなかった。ワシントンDCに到着してから、やっと息子に「生きている」と連絡できたのです。

中国内外で続く中国政府の弾圧

アメリカに住んでいても、中国政府からの圧力を感ずることがあります。例えば、私が大学や議会などに講演に行こうとすると、受け入れ先に中国大使館から苦情が来ていますし、外国に行こうとしても、渡航先の国に中国政府から入国拒否するよう圧力が掛かっているのです。

私よりひどい弾圧を受けているのは、「新疆」に残っている私の子供たちです。四人の息子と一人の娘が中国に残っていて、一番下の子が一九八九年生まれ、上の子が一九六四年生まれです。彼らは政府にパスポートを没収され、監視下に置かれ、人質状態となっており、出国したくても出来ないのです。息子ばかりか嫁や孫たちも同じようにパスポートを没収されています。私は一日も彼らのことを思わない日はありません。最悪の事態を考えると、身体が芯から冷えてきます。深呼吸して心を入れ替え、なんとか自分を立て直しています。

大学に勤務し物理を教えている娘は、今まで二十年近くずっとウイグル語で授業をしてきたのですが、今後は漢語で授業をしないと解雇すると通告されました。

ウルムチに残ってアクダ貿易公司の支配人をしている息子のアリム・アブディリイムは、果敢にもアメリカのＲＦＡ（Radio Free Asia）ウイグル語放送のインタビューに答え、彼が現在置かれている状況を電波で公開しました。

「ラビアは脱税し、詐欺行為をし、負債を抱えていた」などと王楽泉・新疆ウイグル自治区党委員会書記（注：実質的に自治区の政治的最高位にある人物）が公表した嘘についても、「一九九九年八月十一日に母が拘束された直後、約五十人の警官が家にやってきて、百日分以上の財務記録等を調査したのに何事も無かったではないか。母は中国の政策に従って商売をし、高額納税者として名を知られ、優良企業家だと党に表彰されてきた。いまさら何を言うのか」と強く否定しました。一族の全財産を没収し破産させようと思ったら、脱税などの罪を付けなくては出来ないから、適当なことを言っているのでしょう。可哀想にこの息子は、過労で倒れて病院に入院した時にも、四六時中、国家安全部の特殊部隊に監視されていたそうです。

政府は、息子の所有する約二千万元相当のビルを、三百万元で買い取って、そこを更地にして新開発すると言っています。「ラビアとその一族のビジネスに関わるな」とウイグル人商人を脅し、持ちビルの賃貸料を市価よりずっと安価で提供せざるを得ない状態を作り出そうとしています。

子供たちは、もはや中国に於いて正常な商売を続けていくことは出来ないと諦めており、早く国外脱出したいと望んでいるのですが、それすらさせてくれない。がんじがらめです。私の家族の苦難は、ウイグル民族が置かれている状況の象徴に他なりません。

中国共産党が私をより強くした

私はアメリカに亡命してから三〜四ヶ月間、ずっと悩み続けました。「今後、私はどうしたらよいのだろう」と。

中国国家安全部の工作員が、ウルムチに住む息子に「おまえの母親はアメリカで、貧乏人の住む地域に暮らし、借家で惨めに暮らしている。もし（人権擁護や独立をめざす）運動を止めて商売をしたら、以前のような豊かな生活が出来るのに」と言ったそうです。自分で言うのも何ですが、中国十大富豪の一人であった私には、天性の商売の勘が備わっている。商機に満ちた自由の国アメリカで事業を興せば、成功する自信があります。「こんな商売もできる、あんな商売も……」と、アイディアが次から次へと浮かんでくるのです。

そうしている間にも、海外在住ウイグル人の間に、「ラビアを運動のリーダーに」という声が高まっていきました。チベットのダライ・ラマのような象徴となる存在がいない東トルキスタンの運動には、団結力が欠けている。これまでウイグル人の人権擁護運動をずっと続けてきたのは、ドイツのミュンヘンにある世界ウイグル会議でした。在米ウイグル人協会もその傘下にあると言ってもよい。でも、世界各地に散在しているウイグル人のそれぞれの組織には、密接なヨコの繋がりがなかったのです。

ラビア夫妻

私は〇五年ドイツを訪問し、世界ウイグル会議のリーダー、エルキン・アルプテキンと、今後の運動について長時間、相談しました。彼は「私には求心力がない。ウイグル人のために獄に入り、出獄したあなたがリーダーになれば、誰も文句は言わない。あなたを中心に、これから運動をまとめていけないか」と提案してくれました。

彼は、その父、エイサ・アルプテキンと同じく、人格者でした。「アメリカで一から商売をして、儲けたお金をすべて独立運動に投資しよう。経済面で運動を支えよう」との考えを私は変え、エルキン・アルプテキンと協力して、「東トルキスタン」のテュルク系民族を一つに纏め、その人権を擁護し、民族が生存し続けるための運動に、世界中の人々に救ってもらった残りの命を捧げる覚悟です。

私はもう今の「新疆」にはもどるつもりはありません。私が帰るのは、「東トルキスタン」が解放されたときです。周囲には各分野に秀でたウイグル人の博士たちがおり、私に無い知識を貸してくれています。生活が苦しくても、「貧乏借家暮らし」と馬鹿にされようとも平気だし、一日ナンだけを食べていても、大きな目的のためになら生きていける。息子も娘も夫も理解してくれている。運動資金については、今は苦しくとも道を切り開いていく自信があります。

私を強くしたのは中国共産党でした。多くの人が仕事を失うのを怖がり、親族に政府からの圧力が及ぶのを怖がり、小さな幸せが崩壊するのを恐れ、中国共産党の圧政に口を噤《つぐ》むのです。でも、個人的犠牲がなければ、私たちは永遠に奴隷のままでしょう。あの獄中体験が運動に邁進させる原動力となっています。とはいえ、私は、無益な殺傷を起こしたくない。欧米の人は、クルドやガザやチェチェンを知っていても、ウイグルは世界に認知されておらず、「東トルキスタン」と言っても、それがどこを指すのか知らない人も少なくない。まずは民主的な形で、世界に我々のことを知って貰うことから始めていきたい。
○五年秋、アムネスティ・インターナショナルの報告会のため、ヨーロッパ九ヶ国を回って、獄中体験などを話してきました。日本でも○七年秋、アムネスティの招待で「東トルキスタン」やウイグル問題について話をする機会を得ました。私の詳細な半生を初めて日本で紹介して下さった文藝春秋社に、深謝致します。

〔追記〕
アメリカに亡命してからのラビア・カーディルは、中国共産党政権のウイグル人への人権弾圧について積極的に発言し、各国に散らばるウイグル人亡命者を束ねる世界組織づくりに尽力するなど、卓越したリーダーシップを発揮した。社会運動を活発に行なう彼女への報復であるかのように、中国政府は、新疆ウイグル自治区に残らざるを得なかった彼女の子供たちを、「政治犯」や「経済犯」として次々と逮捕・投獄し、拷問まで行なっている。息子や娘はパスポートの申請が認められず、海外に逃れていくことさえできなかった。
○六年五月二十九日夜、新疆ウルムチに住んでいるラビアの息子、アブリキム・アブディリイムと、同じく息子のアリム・アブディリイムは公安に拘束され、市内の南山拘置所に連行された。拘置所内でアブリキムは、意識を失うほどの暴行を受けた。彼らは六月十三日に正式に逮捕され、アリムは〇六年十一月二十七日、「脱税」のため懲役七年の刑を宣告された。アブリキムは〇七年四月十七日、ウルムチ市中級人民法院によって「国家分裂扇動罪」で懲役九年、政治的権利剝奪三年の判決をうけた。「インターネット上で民族独立を主張する文章をダウンロードしたり、ラビアの指示によって反政府的な言説を記した文書をウルムチで配布しようとした」ことが罪に問われたという。

娘のルシャングル・アブディリイム、ラビアの弟のメメット、アクスで商売をしていた長男のカハール・アブディリイムらラビアの一族は、常に公安に監視されているという。

一章

ドルクン・エイサ

——「世界ウイグル会議」秘書長

世界ウイグル会議を
率いるドルクン・エイサ

ドイツ・ミュンヘンの中央駅周辺に広がるトルコ人移民街のはずれに、何らかの政治的理由で新疆を離れざるをえなくなったウイグル人亡命者が結成した国際組織「世界ウイグル会議」の本部事務所がある。

中国新疆ウイグル自治区で多数人口を占めるテュルク系民族ウイグル人は、漢人が全人口の九割を占める中華人民共和国への帰属意識が希薄で、自治区成立から今日まで、新疆では反政府運動が絶えることなく発生し、亡命者を出している。中央駅の一帯にはウイグル料理レストランや東トルキスタン情報センターなどが存在し、街を歩けば誰かしらウイグル人に出会う。ミュンヘンに居住するウイグル人は、亡命者とその家族をはじめ、いずれは中国に帰国する予定の留学生や、当地で仕事を持つ者も含めると五百人を上るといわれている。

「世界ウイグル会議」は、各国に設立されたウイグル人亡命者組織のうち、全体の約八割を傘下に治める「司令機関」として、二〇〇四年に成立した。ウイグル人の置かれている状況を国際的に宣伝したり、命の危険に晒されている亡命者の支援をしたり、情報を発信したりするのが本来の業務だが、それ以外にも、欧州在住の子供たちにウイグル語やクルアーン（コーラン）、民族習慣や歴史を教える休日学校が運営され、同郷者集団の「会館」的役割も担っている。

ミュンヘンへのウイグル人移民史は、それほど長くはない。最初にこの地に定住したのは、おそらく現在アメリカ・ニューヨークに在住するウイグル人亡命者の長老グラミディン・パフ

故エイサ・ユスプ・アルプテキン

タであろう。少年だったグラミディンは、中華人民共和国が成立したとき、両親やウイグル人民族主義者エイサ・ユスプ・アルプテキンらとともに、東トルキスタン（新疆）からパミールを越えてインド経由でトルコに亡命した。青年になった一九六〇年代、当時の西ドイツに留学。卒業後はアメリカが対ソ謀略戦のためミュンヘンに築いたラジオ局ＶＯＡ（ヴォイス・オブ・アメリカ）に就職し、ソ連領中央アジアの担当者として、西側の主張をミュンヘンから発信し続けた。その後彼は一九七〇年にアメリカへ移住するのだが、その時、仕事の穴埋めにトルコから招聘したのが、エイサの息子、エルキン・アルプテキンらであった。こんにちドイツをはじめ欧州各国がウイグル人政治亡命者を受け入れているのは、こうした先に移民した者たちが、「ウイグル人とは何者なのか」を欧州社会にこつこつと伝えてきた、地道な努力の賜物だといえる。

〇六年、「世界ウイグル会議」の主席に就任したラビア・カーディルをアメリカで取材した際（第一章）、「次はヨーロッパ在住の亡命者を調査したい」との意向を伝えた。すると、真っ先に彼女が紹介してくれたのが、同団体の秘書長を務めるドルクン・エイサだった。

「ドルクンは一九八〇年代後半にウルムチで学生運動のリ

ーダーだった人物で、面倒見がよく温厚な人柄から亡命ウイグル人の穏健派急進派を問わず慕われている。きっと調査の助けになるので連絡を取りなさい」

ラビアが二〇〇五年に初めてヨーロッパに赴き、当地在住の「同胞」と親交を深めたとき、新疆ウイグル自治区党委員会書記の王楽泉は、国内外に向かって「ラビアはドイツで『恐怖分子（テロリスト）』と連絡を取り、テロ計画の密談をしている」と宣伝した。

当局の言う「テロリスト」とはドルクン・エイサやアブリミット・トゥルスン（第三章）のようだが、ちなみにドルクン・エイサは「これまで武装反政府闘争には関わっていないし、銃の類を手にしたこともない」「中国政府はこれまで、ウイグル人民族主義者を『民族分裂主義者』『国家分裂主義者』『違法宗教活動を行なう者』『過激派』『ごろつき』などと呼称し、弾圧してきた。二〇〇一年アメリカ・ニューヨークで発生した九・一一テロを機に、中国政府は国際社会が取り組む『テロとの戦い』に便乗して、まるで自分たちが被害者であるかのように装って、ウイグル人民族主義者を『テロリスト』呼ばわりするようになった。一夜にして民族主義者は『テロリスト』に生まれ変わった。どうやら彼等にとって、政治運動とテロリズムは同義語らしい」と、当局の主張を真っ向から否定する。

ではなぜ中国共産党は彼を「テロリスト」と呼ぶのか、彼は本当にテロ活動をしているのか。

筆者はドイツに赴き、ＴＢＳの「世界ウルルン滞在記」よろしく、彼の家に下宿して長期取材を試みた。以下は彼の口述を、年代に沿って纏めたものである。

ドルクン・エイサは一九六七年、中国新疆ウイグル自治区アクス地区ケルピン県で糧食局に勤務する親の下に、四人兄弟の三番目の子として生まれた。ドルクン（Dolkun）とはウイグル語で「波濤」を意味し、エイサ（Isa、ジーザスの意）は彼の父の名である。近年、特に海外在住ウイグル人の間では利便性を考えてファミリーネームを持つ者も増えたが、伝統的に彼らは「親から与えられた名＋父の名」を名乗るため、「よく著名なウイグル人民族主義者エイサ・ユスプ・アルプテキンの隠し子ではないかと、間違えられる」と笑う。

ドルクン・エイサ

冗談好きでふくよかな風貌。ミュンヘンのウイグル人は口を揃える。「ドルクンは、亡命者定住問題を担当している厳めしい顔をした真面目一徹のドイツ人弁護士を『がはは』と豪快に笑う快活な人物に変えてしまった」

筆者はヨーロッパ各地で身体中に拷問傷が残るウイグル人元政治犯に会っているが、こうした命からがら中国より脱出した者たちが語る体験は重く陰惨で、安全な国に定住してもなかなか精神的に立ち直れない。だからこそ場を和ませるムードメーカーとなるキャラクターは、運動のために必要とされるのだろう。

一九八四年難関のウルムチ大学（現在の新疆大学）物理学部に進学した。この大学時代の学生運動体験が、彼のその後の人生を確定させたと言っても過言ではない。

彼が大学で学んでいた時期は、新疆と国境を接した隣国の旧ソ連が、ゴルバチョフ共産党書記長の号令下でペレストロイカ（政治改革）やグラスノスチ（情報公開）を推進していた時代と重なる。ペレストロイカが始まると、距離的に北京よりずっとソ連に近い新疆では、大学生や知識人がその影響を受けて、中国共産党に体制改革を求める声を挙げるようになった。しかし、中国政府は経済では改革開放を推進しながらも、ソ連とは違って政治の手綱を弛めようとはせず、特に民族自決と政治の民主化は断じて許さない方針を貫いた。民族と民主の「民民問題」こそが一党独裁を揺るがし、自らの政権基盤を最も危うくする火種だと確信していたからだ。

当時の新疆では、ウイグル人やカザフ人、さらに漢族の別なく共有された共産党政権への不満があった。例えば、ソ連に比べて中国は政治改革が進んでいないこと、海外から成功を賞賛されていた経済開放も、発展の恩恵を受けられるのは沿海部など限られた地域で、内陸の新疆は依然原料供給地に過ぎず貧しいままに留め置かれていること、原爆実験場や多くの労働改造所を抱える「中国のゴミ捨て場」として遇されてきたこと……。

新疆での学生運動

一九八五年十二月十二日から新疆各地で、ウイグル人学生を主体とする大規模デモが実施された。この時、デモに参加していたドルクンは、「街頭で真っ先に叫ばれたスローガンは、『原水爆実験反対』であり、このデモが実行された直接のきっかけも、中国共産党が新疆で行った核実験だった」と語る。

一九六四年からほぼ毎年、中国共産党は新疆で核実験を行ない、その放射能のために水・空気・農作物が汚染され、白血病や原因不明の奇病、奇形児が増大したにも拘わらず、政府はその実態に目を瞑り、デモが行われた八五年にも核実験を行っていた。核による環境破壊は、ウイグル人のみならず新疆在住の漢族庶民にも深刻な被害が出ているわけで、学生デモの「原水爆実験反対」の訴えは広く大衆に支持された。

デモ隊が叫んだその他のスローガンは、「『新疆』は監獄や収容所ではない」「真の代表が選ばれない見せかけだけの選挙はやめ、民主選挙を施行せよ」「イスラム教徒への産児制限を中止せよ」などであった。この日、ウルムチでは最大一万五千人が授業を抛棄し街頭に出た。雪の降る寒い日だったが、学生は朝から晩までウルムチ中を徒歩で巡った。一般市民は通りの両側に並んでデモ隊を歓迎し、ナンや温かい飲み物を提供する者も現れた。

学生運動を指導したのは「天山の子どもたちの協会」で、ウルムチを中心に新疆に存在する七つの大学の学生達と連携し、数ヶ月間かけて計画を練った。協会のリーダーは「東トルキスタン学生連盟」主席、「ウルムチ大学・学生会」主席、「中国学生連盟」副主席を兼任したウルムチ大学中国文学科の学生ミジットである。ミジットはデモが行われる三日前の十二月九日夜、ウルムチ大学文学部教授であるアブドゥシュクル・ムハンマドイミンの自宅で、突然死した。それ以前は何の持病もなかったという。「急な心臓発作」として片付けられたが、ミジットの本当の死因は今もって謎のままだ。

デモは一週間、連日続けられた。知らせを受けてカシュガル、アクス、ホタン、ボルタラなど新疆の主要都市でも学生が決起、さらに、上海・北京・広州・南京・重慶など内陸や沿海都市でも、その地で学ぶウイグル人学生が政府機関ビルの前で抗議行動を始めた。とうとうデモが庶民に波及し、ウルムチの八一鋼鉄所所属の労働者が仕事をボイコットして反政府デモを行う準備を始めると、中国共産党は「混乱」が広まるのを恐れ、デモを収拾させるため学生代表二十名を呼び、二日間にわたって学生の要求する六項目（民主的選挙の実施、原水爆実験中止、新疆への人口移動とくに犯罪者の移住の禁止、自治区法を徹底的に実施すること、産児制限中止、民族教育の発展）について会議を開いて協議した。

この会議には、政府から自治区党委員会第一書記で地質学者の宋漢良、新疆ウイグル自治区人民代表大会常務委員会主任ハーミディン・ニヤズ（ウイグル人）、自治区政府常務副主席で経済問題を担当していた黄宝璋、自治区政治協商会議主席で宣伝工作を担当していたジャナブル（カザフ人）ら十数人の政治家と、官僚らが参加した。ドルクンは、会議出席者から次のような話を聞いた。

「原爆実験について、学生代表は科学的証拠から『反対』を主張したが、政府の教育と宣伝部署の高官であったジャナブルは、『原爆実験は西から東へ風が吹く日に行っているから、新疆に影響はない』と言い出し、学生から失笑が漏れた。『尊敬する指導者様、原爆は、口笛を吹けば集まってくる群れから外れた羊やヤギではありません』」

互いが自分の主張をするばかりで平行線のまま会議が決裂した後、自治区政府は調査グループを各大学に派遣し、授業を約三日間停止させ、各教室で学生の思想調査を徹底的に行って運動を鎮圧した。デモの参加者と非参加者をふるい分け、参加者に反省を促し、反省のない学生には卒業証明は出さないと発表。運動の指導者は活動歴を檔案《ダンアン》（注：中国で全ての国民に作成されている経歴や思想傾向などを記す個人資料のことで、これが就職など人生を左右するのだが、本人がそれを閲覧することはできない）に書き込み、さらに卒業後には遠くの山村や条件の悪い部署に分配する措置が講じられた。

八五年のデモが鎮圧されてから二年後の八七年十二月二十五日、ドルクンは社会啓蒙活動を目的に「学生科学文化協会」を結成し、この協会の主席となった。会員の主体はウルムチ大学の学生で、賛助会員になってくれた教員を含め五百人以上が名を連ねた。この時期、新疆では様々な学生グループが結成され、それぞれが活発な勉強会や社会活動を行なっていたが、中でも「学生科学文化協会」は、瞬く間にウルムチ大学だけで千五百人を擁するまで発展し、ウルムチの他大学（師範大・工学大など）や遠く離れた北京民族大学でも細胞が作られる巨大組織に変貌した。

会員は、春節（正月）の長期休暇も実家に帰らず、各グループごとに新疆の農村を訪ね、アブドゥハーリク・ウイグル（トルファン出身の詩人　一九〇一〜三三）などの歴史的人物を題材に話劇を演じたり、ウイグル人の非識字者に文字を教える教育活動を展開しながら、村々の状況を調査した。グルジャの民族学校を調査したグループは十七ヶ所の小中学校を訪れ、屋根が無く崩壊寸前の建物で授業をしている民族学校と、立派な建物が続々と建設されている漢人学校との格差を七十枚以上の写真に収め、ビデオに撮影し、「ウイグル人生徒は教室が足りず、一万人以上の子どもが教育を受けられない状況にある」との告発レポートを記して報道機関に送るとともに、各地で巡回写真展やビデオ上映会を催し、広く社会に訴えた。自治区政府にも民族教育現場の悲惨さを認識させ、早急に改善措置をとらせるために、資料一式を関係機関に送付した。ドルクンは言う。

「あの時代はまだよかった。もし、今このような社会運動を『新疆』でやったら、政治犯として即刻監獄に送られる」

漢人による差別が激化

八八年春、ウルムチ大学で「事件」が起こった。「纏頭（チャントゥ。ターバンを巻く者の意だがイスラム教徒への蔑称）と（同じ学生寮に）住めるか！」「ウイグル男を奴隷に、女は淫売に」「纏頭と豚はこのトイレで大小便をするな」「ウイグル人は新疆から出て行け」等の、ウイグル人を蔑視した漢語の標語が学内の至る所に貼られ、それらは回収されただけで八十枚に上ったのである。中国の大学はどこも全寮制で、学内に建設された学生寮の小さな一部屋ごとに蚕棚のようなベッドが並び、六〜十人が犇めいて暮らしている。ウルムチ大学の場合、各民族ごとに学生を同室に住まわせていたが、大学当局は先のデモ以来、漢人とそうでない学生を「民族大団結のため」と称して一緒に生活させるように規定を変えた。だが、生活様式の違いからトラブルが続出。学生達はストレスに悩み、互いの対立と猜疑心を助長した。

社会的要因もあった。「先のデモから三年の間で、新疆特にウルムチでは、民族差別をあからさまに表現する漢人が増えた」とドルクンは証言する。歴史の流れを顧みると、一九八八年はペレストロイカの影響が東欧諸国に波及した年で、翌八九年にはベルリンの壁が崩壊。新疆と国境を接する中央アジアでソ連邦解体のため新国家が続々と誕生する一九九一年には、あと三年を待たなくてはならないが、これらの国際情勢から新疆に住む漢人たちは、新疆が消滅するのではないか――既得権益が消失するのではないか――との危機感を募らせていたのかもしれない。

テュルク系民族の学生たちは、大学の行政組織に対策を迫ったが、一週間経っても当局から返答はなかった。学生たちは再度、差別ビラ事件について調査をしたのか否か、当局に公開質問したが、大学側はその回答を拒否したという。怒った彼等は六月十五日、ウルムチ大学物理学部のビルの前で、民族差別に反対する集会を開いた。「学生科学文化協会」の動員で、他大学の学生も参加する大規模集会となった。

同日、大学当局は事の深刻さを認識し、ドルクンを含む学生代表二人を呼び、協議をする旨を伝えてきた。ジャナブル（前述）と自治区教育委員会党組書記の張揚、規格委員会のトフティ・エリらが対応し、協議は五時間も続いたが、大学側から学生が納得する回答は得られなかった。

集会に戻ったドルクンは協議の経緯を説明したが、何ら対策を講じない当局に不満を募らせた学生は、午後二時頃から「民族平等万歳」「人権万歳」「民族教育を守ろう」の三つをスローガンに、デモ隊を組んで街に出た。「学生科学文化協会」が隊伍を纏め、四千人を超えるウイグル人学生が参加した。

翌日、ウルムチ大学ではすべての門を閉鎖して学生の外出を禁止し、午後からは一切の授業を中止して「政治学習」の名で反省会を強制した。この日は師範大学の学生が、同じく「民族差別反対」を掲げるデモを起こしている。

十五日の晩から政府は各大学に調査員を送り、翌日から徹底的な取り調べを始めた。調査を指導したのは、前述のハーミディン・ニヤズ、ジャナブル、黄宝璋らであった。ウルムチ大学だけで四百人の調査員が導入され、武装警察もやってきた。調査室（実質は取調室）が設置され、調査中は学外に出るにも登記して許可を得なくてはならず、学生代表であった者には常に尾行と監視がつき、各大学の代表が会ったり連絡を取ることは禁止された。監視を巻いて自宅に帰った学生は、自宅まで調査が及び、強制的に大学まで連れ戻され、より厳しい取調や拷問さえも行われた。調査は三日間続き、学生から教員に至るまで「担白書」（公的な反省文）を記して提出することが義務づけられた。

ハーミディン・ニヤズがウルムチ大学の教員を集めてデモについて語るよう促した時、当初は誰もが無言で不満を表明した。長い沈黙の後、ある教授が席を立って、「漢人の民話にこのように始まる物語があります。ある王様が、国が崩壊に向かっているとき、各階層の人々を招致して対策を相談しました。ある貧乏人に発言を求めたところ、その男は『私が正直な意見を述べても、どうか私の首を切らないと約束して下さい』と懇願しました。……ハーミディン・ニヤズ様、我々が意見を述べても罰しないで下さい」。「日曜日にあなたの五歳の孫を連れ、ウルムチを徒歩で回って下さい。立派なビルが建っています。どれでも好きな建物を選び、ドアをノックして下さい。中から誰が出てきますか?」

ドルクンの尋問を行なったのは、二十人近くの部下を連れて来たジャナブルだった。ドルクンは、「その時のジャナブルの言葉が忘れられない」と苦笑する。

「きみが脚本を書いた話劇は(社会的に)相応しくない。なぜなら、アブドゥハーリク・ウイグルは確かに民族英雄だが、彼は共産党員ではないからだ。詩人アバイ(カザフ人)の言葉を識字教室の壁に掲げたのも、間違いだ。アバイは我々の詩人ではなく帝政ロシアの詩人だから」

中国共産党に忠誠を誓う政府官僚としては、「国家安定」のために民族主義を煽る一切の行為を排除したかったのだろう。その後、ドルクンへの尋問は三十数回に上ったという。

八八年の九月二十七日、各大学で緊急会議が開かれ、運動指導者への処分が発表された。ウルムチ大学ではドルクンを含む二名の学籍剥奪、十一名の厳重注意と観察処分。師範大学では一名の学生が学籍抹消、八名の学生が厳重注意と観察処分となった。罰を受けた学生の檔案にはすべて「罪歴」が記された。

筆者は、中国の民主化運動と言えば、人民解放軍が民主化を要求する学生デモ隊を戦車でひき殺した第二次天安門事件、あの八九年の「六四」を真っ先に想起するが、それよりも前に新疆で大規模な民主化要求デモや反民族差別デモが展開されていた詳細を、ドルクンへの聞き取りによって初めて知った。

学生運動を指導したかどで大学を除籍になってから、ドルクンは仕事の「分配」(注：八〇年代中国では、大学卒業者は当局が就職を斡旋し、その紹介によって勤務先を決めていた)がなかったため、アクスに戻って商売をした。この商売で蓄えた資金で、地元の若者のために語学学校を作ろうとしたが、「過去の経歴」が邪魔をして政府から学校運営の許可は下りなかった。地元にいても将来はない。しかたなく北京に行き、ウイグル料理レストランを開いて日々の糧を得、暫くは大人しくしていたが、やはり「政治運動の虫」は治まらなかった。

九〇年、北京で、「禁書」であるプラット・カーディリ著『省史』を三百部油印(謄写版)して地下出版し、有志に配布したのである。この本は四八年に、民族主義者エイサ・ユスプ・アルプテキンが経営し、ムハンマドイミン・ボグラが編集長を務めた新聞『エルク(「自由」の意)』の発行元、アルタイ出版社から出されたものだ。ドルクンは、ウイグル人が自らの歴史書を堂々と読むことも出来ず、出版もできない事に憤りを持っていた。

「一九八二年にウルムチ大学歴史学部の学生たちが、こっそりムハンマドイミン・ボグラ著

『東トルキスタン史』を二百冊、夜中寝ないで油印で作成し、ウイグル人社会に流通させたことがある。当局によってホタンで四十部ほどが回収されたが、残りは未だもって出てこない。私もこれを貪るように読んだ。本当は、『東トルキスタン史』を印刷したかったが、分厚い書籍なので断念し、薄い『省史』にした」

ドルクンが民族運動家となる歴程に於いて最も影響を受けた人物は、ジャーナリストのニザミディン・ユスィインだという。ドルクンが「学生科学文化協会」の主席を務めていた頃、ニザミディンが訪ねてきて知りあった。ニザミディンは、一九四四年東トルキスタン共和国の建国時にタシュクルガンの遊撃隊に身を投じ、「三区革命」では民族軍の兵士として国民党と戦った。ウルムチ大学歴史学部でムハンマドイミン・ボグラに師事して『東トルキスタン史』を学び、中国共産党統治下となった東トルキスタンからトルコ亡命の途につく師から、蔵書の一部を譲り受けた。

中華人民共和国成立後、新疆日報社の記者になるが、何度も中国共産党から政治迫害を受け、文化大革命の時期など計十四年にわたって労働改造所に収監された。労働改造所から脱走を繰り返しては連れ戻されること十回以上。ウルムチの山寒村で身を潜めて暮らしていたが、一九八一年に「平反（政治的に迫害され投獄された者が、実は無罪であったと公的に証明されること）」となり社会復帰し、新疆で勃発する民族運動や反政府運動の取材を続けた。

ドルクンは、ニザミディンからバレン郷事件について独自に調査した取材ノートを譲り受けていた。数年後、ドルクンと同じように禁書を地下出版していた知人たちが、政治犯として次々と逮捕された。彼にも身の危険が迫っていた。九三年に結婚したウイグル人の妻にも内緒で、コネを駆使してパスポートを取得し、ニザミディンのノートなど大切な物を持って一九九四年五月、トルコへの脱出を試みた。

ニザミディンは九七年二月イリ事件の後、公安に逮捕され、九七年五月頃に釈放されたものの、老いた身体は拷問と不衛生な環境に耐えられず、獄から出て数日後に死亡した。

トルコへの留学

ドルクンはトルコに渡ると、首都アンカラにあるアジル大学で社会政治学を専攻する研究生になった。そして、入学と同時に「東トルキスタン学生連盟」を組織し、ウイグル人留学生やトルコ在住のウイグル人亡命者二世三世らとともに政治運動を開始した。

「私は『医学では国は救えない』と文学の道を選んだ漢人の魯迅を尊敬する。ウルムチ大学で専攻した物理学は、東トルキスタン独立運動の実践には使えない。国際世論工作のため、国際政治や社会政治学を系統だって学びたかった」

九四年九月トルコ政府の肝煎で、全世界のテュルク系民族が一堂に会して親交を深め合う

「世界テュルク系民族大会」がトルコの古都イズミルで開催されると知り、ドルクンは招聘されてなかったけれど、七、八人のトルコ在住ウイグル人とともに参加することにした。会議場では各民族ごとに発言とパフォーマンスの機会が与えられ、新疆と国境を接するカザフスタンやキルギスからも大勢が参加していた。

最終日、すべての催しが終了し、司会者が閉会の辞を述べている時、ドルクンは立ち上がり「ウイグル人にもスピーチのチャンスを与えて欲しい！　中国に侵略された東トルキスタン（「新疆」をウイグル人はこのように呼称する）を忘れないで！」と声を挙げた。会場の五百人を越える参加者は帰ろうとしていた人々も歩を留めて、一斉に彼を見つめた。「人口僅か二、三万のテュルク系民族だって壇上でスピーチをした。兄弟よ、我々の境遇をどうか知って欲しい」（注：中国政府の公称でウイグル人は人口八百万）。司会の許可を得て、覚えたばかりのトルコ語で、現在ウイグル人が中国で置かれている状況を説明した。会場にいたトルコ大統領がわざわざ席までやって来て、「次回の大会では、絶対にウイグル人を忘れたりしないから」と声をかけてくれた。

ドルクンには、トルコに来てから分ったことがある。それは、中国に於けるウイグル人の状況は、国際的にはあまり知られていないことだ。エイサ・ユスプ・アルプテキンら中華人民共和国成立直後に国を離れた早期亡命者のリーダーたちは、生活していくのも大変な中、手弁当で精一杯宣伝活動を行なってきた。それによってヨーロッパではウイグル人の置かれている政治状況に理解を示す国も現れ、政治亡命者を受け入れるようになってきた。しかしながら、チベットに比べると宣伝の効果は少なかった。

知名度が低い理由が三つあった。一つは、運動の理論的方針を立てて指令を発する世界的組織が結成されなかったこと。二つめは、祖国から遠い欧州暮らしの長い早期亡命者たちは、中国共産党統治下の東トルキスタンがどうなっているのか情報量が少なく、有効な運動の方針がなかなか見出せなかったこと。三つめは、欧州育ちの亡命者二世たちは、政治運動への意欲が薄い者が多く、また、中国からウイグル人が出国できるようになったのは改革開放以後のことで、運動の若い世代の後進が育ちにくかったこと。さらに九五、九六年には、エイサ・ユスプ・アルプテキン（トルコ）、ズィヤ・セメディ（カザフスタン在住ウイグル人作家。歴史書を記した）、アシル・ワヒディ（キルギス在住の民族運動指導者で殺害された）ら、積極的に民族運動を牽引してきた著名な老指導者が相次いで世を去った。

「中国共産党の侵略から約半世紀、国外で戦ってきた老世代の遺志を、我々が継がなければならない時代が来たと思った。先人に感謝し年配者の意見を聞きつつ、中国共産党政権下を知る近年脱出した若い世代が、もっと運動にコミットすべきだと判断した」

九五年七月ドルクンは、中央アジア・キルギスの首都ビシュケクで開かれた「テュルク系民族青年大会」に参加した。この大会の主催団体はトルコ・アンカラに本部を構える「テュルク系民族青年連盟」で、テュルク系民族が居住する国々が毎年持ち回りで民族交流会を催している。中国から亡命したウイグル人が最も多く生活しているのは、旧ソ連領中央アジアだ。「カザフスタンには約二十万人のウイグル人がおり、中央アジア全域では、もはやウイグル人であるとの意識を持たず同化してしまった者を含めると、その数は百五十万人を下らないだろう」とドルクンはいう。

中国から国境を越えてソ連へ亡命するウイグル人は、中華人民共和国建国後、あとを絶たなかった。それには様々な理由がある。一九三〇、四〇年代のテュルク系民族エリートはモスクワ留学組が多く、中国よりソ連の影響を受けた知識人が多かったこと。大躍進期など餓死者が出た新疆に比べて、ソ連は食べる分には中国ほど困らず、比較をしたならば中国より生活が楽であったこと。六〇年代の中ソ関係の悪化に伴って、ソ連が新疆に住むテュルク系民族に謀略ラジオ放送で亡命を呼びかけたこと……。

しかし、ウイグル人が亡命前に期待したほど、ソ連は理想的な国ではなかった。ソ連も中国と同様に、民族的意識をもってウイグル人が自由に政治活動をできる社会ではなかったし、ソ連の教育を受けて育った亡命者の二世三世の中には、ウイグル人としてのアイデンティティを喪失するものも少なくなかった。だが、ソ連末期ペレストロイカが始ると、民族組織の結成が許されるようになり、情況が一変する。

その最大の転機は、ソ連邦解体によって中央アジアのテュルク系民族が、カザフスタンやキルギスなど新しい国家を建設していった時期だ。中央アジアのウイグル人の中には、自らの国家を建設したいとの強い民族意識を持つ者も現れた。彼等は、問題意識は持っていても、現在の中国領東トルキスタンへの理解は充分ではなく、ドルクンら若い亡命者を招聘して文化活動などの場で中国共産党政権下の現状を宣伝したのである。

ドルクンも、中国にとって戦略地理的に重要な、中央アジア在住のウイグル人青年と「共闘」し、独立運動を喚起したかった。ウイグル人が経営する市場のモスクに行って、ムスリムが集う金曜礼拝の日にスピーチした。「民族と文化の存亡の危機にあるウイグル人は、団結しなくてはならない。世界的なウイグル人の独立運動組織を作りたい」。ドルクンの提案に賛同する商売人たちが、活動経費の一部を負担すると名乗り出てくれた。

キルギスからトルコに戻ると、独立運動に関心のある世界各地のウイグル人青年に、「若い世代の世界的組織を結成するために集まろう」と呼びかけた。

その年の秋、再度、中央アジアに赴き、十月二十八日から三十日まで、第一回「世界ウイグル青年文化の日」をカザフスタンのアルマトイで催した。ドイツ・アメリカ・パキスタン・トルコ・キルギス・カザフスタン・ウズベキスタン・トルクメニスタン・エジプトなど十一ヶ国に暮らす青年の、国ごとの代表が初めて集った。大きなホールを借りて行なわれた会議と催しだったが、午後は中止を余儀なくされた。「文化活動の名を冠しているが、実質は政治集会だと分っている。中国政府から抗議を受けた。両国の外交関係に影響するので止めて欲しい」と、カザフスタンの警察が閉会を強制したのだ。文化的な催しは続けることにして、世界的組織を立ち上げるための準備会議は個人宅で行なうことにした。

カザフからトルコに戻ると、トルコの国家安全部門がドルクンの動きに注目し、「どこで誰と何をしているか、活動内容を教えてほしい」と頻繁に訪ねて来るようになった。まもなくビザの期限も切れる。トルコで国籍を取得するのは難しく、中国への抗議行動を今後繰り返していくのに、中国パスポートでトルコに居住するのは安全面で不安だった。九六年春、ドルクンは中央アジアを経てドイツに渡り、政治亡命した。

ドイツへの亡命

第二回「世界ウイグル青年文化の日」は、当初はキルギスで催す予定だったが、現地の様々な事情で不可能となり、九六年十一月九日から十二日までドイツ・ミュンヘンで行なった。十一ヶ国から運動団体代表や個人が参加し、四日間、夜を徹して議論し、最終的に「全世界で統一的な指令を下せる独立運動の司令組織を作るべきだ」との結論に達して、念願の統一組織場で招集した。

「世界ウイグル青年会議」は、九六年の創立から二〇〇四年「世界ウイグル会議」に統合されるまで、アラビア文字とキリル文字で併記したウイグル語機関誌『東トルキスタン青年』を発行しているので、これによって活動の詳細を窺える。この雑誌は当初は季刊だったが、二〇〇二年一月ミュンヘンでの会議から隔月刊に変更された。「世界ウイグル青年会議」は、九七年にドイツ政府から合法的政治組織として認可されている。

ドイツに亡命し、若い世代による世界規模の東トルキスタン独立運動組織を立ち上げてからドルクンは、国際的にこの運動を認知してもらうためにはどうすべきか、思いを巡らせた。核や巨大な軍を所持する一党独裁国家に挑むには、武装闘争より国際世論を味方に付ける方が効果は大だ。欧米諸国の議会や、民主・人権・民族・国際問題をテーマにするシンポジウムには積極的に出席して、東トルキスタンの声を国際社会に伝えることにした。国際会議のディスカッションのために英語を勉強し、組織の宣伝や連絡業務を円滑に行なうためパソコンも学んだ。また、東トルキスタン問題を国際化するために、既に世界中で名を知られている漢人の民主活動家やチベット人組織の助けを借り、ときに行動を共にする道も模索した。これには内輪からの反対や批判が相次いだ。「漢人と組んで何かをすると必ず損をする。漢人は信じられない」

との考えが一部のウイグル人の間には根深かったのだ。しかし、「そうは言ってられない。我々は彼等に比べて知名度はなく、自らの主張を訴える場もないのだから」と反論した。

九九年四月二十一日、スイスで開催された第五十五回国連人権会議に「世界ウイグル青年会議」のメンバーは、著名な民主活動家・魏京生を責任者とする漢人グループとともに参加した。初めての漢人民主化グループとの共闘であった。この時の会議は「死刑に反対する国際会議」とも呼ばれ、全行事を合わせると約一ヶ月も続く大規模なものだった。会議場に入るには国連の許可が必要だったが、東トルキスタンの運動団体にはそのツテがなく、魏京生の援助を得てやっと一枚入場券を手に入れた。もと中国政府のパキスタン領事館勤めだったウイグル人外交官で、スイスに政治亡命したケリム・シェリプが十分間のスピーチをする権利を得、世界中から集まった出席者に「中国の人権弾圧と東トルキスタンで行われている死刑」のタイトルで話をした。翌日も、漢人グループ及び「チベット青年会議」と一緒に、国連前で反中国政府デモを行なった。

第二次天安門事件十周年の九九年六月四日には、漢人とともにドイツのボンで中国共産党政権に抗議するデモを行い、同年六月十九・二十日には、やはりボンで開かれたチベット革命四十周年国際会議に参加し、ダライ・ラマと対話した。

同年十二月二十七日から二十九日まで、アメリカ・ニューヨークで全世界の漢人民主活動家が年間報告会を開いた時、代表である魏京生は開会スピーチで、「東トルキスタン民衆が独立を望むなら、漢人の民主化組織はそれを支持すべきだ」と語った。実は民主活動家の中にも、中国は民主化すべきだが、新疆や台湾、チベットの独立は支持しないとの見解を持つ漢人も少なくない。ドルクンがウイグル人の中で「漢人と行動した」と批判されるように、魏京生もまた漢人の中で「漢人に不利益をもたらす」と批判されることがある。

二〇〇六年十一月、偶然にも時期を同じくして、ドルクンと魏京生、ダライ・ラマが来日していた。初来日同士のドルクンと魏京生は、文藝春秋の会議室で久しぶりに対面して、独立運動や民主化運動について二時間にわたって語り合った。魏京生は「私個人としては新疆には独立して欲しくはないけれど、独立するか否かはその地の民が決めることであって、自決権を認めないのは真の民主主義、真の民主活動家ではない」「私が九九年に初めてミュンヘンに行ったとき、ウイグル人には『漢人はちっとも信用できない』と考えている人が多いと知った。漢人政権が長年少数民族を思想的に弾圧してきたから、信用されていないのは当たり前だ」と語り、七年前のスピーチと変わらず、東トルキスタン独立運動への支持を表明した。

九九年十月、中国国家主席・江沢民がヨーロッパを歴訪したとき、魏京生グループとともに「世界ウイグル青年会議」のメンバー五人は、九日間、江沢民が赴く先々を追いかけて、各地の同志を動員しながらデモを仕掛けた。この様子は世界中の新聞で報道され、テレビに映像が流れ、メンツを潰されたと感じた江沢民は「ひとつの国の指導者が訪問しているというのに、なぜヤッらを黙らせないのか」と発言して顰蹙をかった。二〇〇〇年六月三十日、朱鎔基のドイツ訪問時も、「世界ウイグル青年会議」はチベット人等と共に抗議デモを展開している。

「当時、私たちのグループだけでは、メディア会見を行う力はなかった。我々の宣伝では恐らく一人の記者も来なかっただろう。だからこそ魏京生たちとの共闘が必要だった」

二〇〇〇年四月、スイスで開かれた第五十六回国連人権会議で、漢人民主活動家やチベット人と中国の人権弾圧について報告し、五百部以上の資料を配布した。そして参加していた約二百の国々の人権組織の関係者と知り合うチャンスに恵まれた。

ドルクンは会議場で、東トルキスタンに於ける人権侵害資料を、中国政府代表団に手渡そうとした。議場では、参加者に配付されるのは会議レジュメだけで、個別資料は適当な場所に置いておき、各自が選んでもっていくというシステムを採っていた。ドルクンはそのルールを知らなかった。中国政府代表に手渡した瞬間、彼等は立腹し、議長に激しく抗議した。壇上に座っていた運営者が真っ直ぐドルクンのところに来て、「この場から離れて欲しい」と要求。彼はそれを聞き入れた。

会議の休憩時間、喫茶コーナーで中国代表が座っていた。「ホタンの百以上のモスクが政府に破壊され宗教弾圧を受けている」「ラビア・カーディルらを釈放し、政治犯の死刑をやめよ」

などと記された漢語資料を、もう一度中国代表団に手渡そうと、ドルクンは彼等の前に立った。「私はウイグル人亡命者です。この会議に中国共産党の代表が来るということは、人権問題に今後、真剣に取り組もうとしているからなのでしょう。大変喜ばしいことだ。この資料はその為に絶対に必要です。受け取って下さい」。外交官は「そんなものはいらない」と不快感を露わにした。やりとりは周囲の注目を集めた。一人が「とりあえず受け取ろう」と言ったけれど、別の人物は、国連のガードマンにドルクンをつまみ出すよう訴えた。だが、そこは北京ではなかった。周りはくすくす笑っている。ガードマンは、ドルクンに「相手の嫌がることを強制してはいけませんよ」と注意するだけだった。

かくして「世界ウイグル青年会議」の結成から四年あまりで、東トルキスタン独立運動は欧米諸国で認知されるようになっていった。

テロリストとして指名手配

中国政府がドルクンを、「窃盗犯・財産泥棒・犯罪組織結成の罪」で九七年からインターポール（国際刑事警察機構）に国際指名手配していると知ったのは、九九年十二月ドイツにあるアメリカ大使館へビザの申請をしに行った時だった。アメリカ大使館はドルクンをドイツ警察に引き渡し、警察は彼を四時間にわたって取り調べた。その後ドイツ政府は、彼に関するあらゆる情報を収集し、中国の言うような罪を犯してはおらず、学生運動の指導者であり、政治的に中国政府と対立しているだけだと断定し、『一九五一年難民の地位に関する条約』の精神に基づいて、ドイツは法的にあなたを守る」とドルクンに伝えた。それとともにＥＵ内の渡航には何ら支障はないが、中国や中国の影響が強いアジア諸国等に渡航するのは、身の安全を考えて控えるか、十分気を付けるようにと注意を促された。

この年九九年にカザフスタンへ渡航したのを最後に、ドルクンは中央アジアへは行っていない。上海協力機構の成立によって、パスポートを所持せず越境してくるウイグル人を、中央アジアでは中国に強制送還するようになった。また、コンピューターの発達により「中国のお尋ね者」は、入境検査で一発で分るようになった。「中央アジアでは何となく、生命の危険を感じるようになった」のだという。

この頃、ドルクンの新疆アクスの実家でも、中国政府から大きな圧力がかかっていた。西安交通大学を卒業し自動車学校の教官をしていた弟が、九八年に逮捕され、二年間ウルムチの監獄に入れられた。政治運動には一切関わらない、兄と違っておとなしい弟だった。「家族と自分の政治活動は一切関係ないのに、弟は私のせいで、罪無くして囚われた」と落ち込み、憤った。

第三回「世界ウイグル青年会議」は二〇〇〇年十一月十二日から十五日まで、エストニアの首都タリンで挙行された。ソ連解体とともに独立を果したエストニアは、独立を目指していた苦難の時代を忘れず、今でも国連に議席を持たない地域や民族のために、会議開催の場を提供し続けている。また、同国の当時の外務大臣であり、現大統領であるトマス・イルヴェスとエルキン・アルプテキン（前述）とは、ラジオ局・自由ヨーロッパ放送勤務時代の同僚であり、親友であった。

「会議より前の二〇〇〇年八月にエストニアを訪問した中国全人代常務委員長・李鵬は、ウイグル人亡命者組織の会議を同国で開催させないよう要請したという。中国とエストニアの関係が破壊されると。だが、政府は『自由主義国では、それを規制することは出来ない』と断わった。エストニアにウイグル人は一人もいないし、組織もなかったのに、会議が開かれたことに中国政府は立腹し、不快感を抱いたようだ。エストニア政府には、中国から三回も抗議が来たと聞く」

五、六人の国会議員やタリン市長が「青年会議」に出席し、会議への支持を表明。会議中、エストニアの高官や首相から祝電が来て、外務大臣も青年会議のメンバーと面会。テレビ局は三十分のウイグル人に関する特別番組を放送した。

また、この会議には漢人民主活動家四人（中国民主党のヨーロッパ実行委員会の張　英《ジャン・イン》、雑誌『北京の春』の薛　偉《シュエ・ウエイ》ら）が自ら望んで参加し、「漢人の大漢族主義は、中国がたとえ民主国家になったとしても、そう簡単に解決できないかもしれないが、二十一世紀は人権と民主の時代であり、このような歴史の流れは止められない」とスピーチ。閉会式には「東トルキスタン独立万歳」を叫んだ。

ちなみにこの会議で、ドルクンは「世界ウイグル青年会議」第三代主席に選ばれている。二〇〇一年の段階で、十四ヶ国に代表がいて、七ヶ国に「青年会議」の事務所が存在していた。

二〇〇二年六月十三日、日韓共催サッカーワールドカップで、「トルコ対中国戦」がソウルのスタジアムで行なわれた際、世界中のウイグル人が興奮し目を疑い、快哉を叫んだ。中国のゴール裏に広げられた巨大な東トルキスタン国旗（トルコ国旗の赤い部分を青にした旗）が、中継画面に何度も映し出され、全世界に配信されたのだ。トルコが二点三点とゴールを決める度にそれは映し出され、実況中継ゆえに中国でもそのシーンをカットすることはできなかった（ちなみにこの試合は、トルコの勝利で終わっている）。わざわざソウルまで出かけて、これを仕掛けたのは、「青年会議」のメンバーであるイギリス在住のアニワル・トフティ（第四章）だった。「ゴール裏の座席チケットを持っていた韓国青年に、『私はテュルク系民族なんだけど、この旗を掲げておいて欲しい』とお願いした。私はその場を離れ、少し遠くからトルコが点を入れるのをワクワクしながら見た」

二〇〇二年十一月八〜十一日、ドイツ・ミュンヘンで「世界ウイグル青年会議」（当時の主席はドルクン）と「東トルキスタン民族会議」（当時の主席はドイツのアニワルジャン）の二団体の合併が、真剣に検討された。

「東トルキスタン民族会議」は、エイサ・アルプテキン存命中の九二年に、リザ・ベキンなど老革命家世代が主体となって、全世界に散らばる東トルキスタン団体・個人が一堂に会して作った、画期的かつ歴史的意義のある団体だった。トルコ・イスタンブルで第一回目の会議を招集したときは、世界十四ヶ国から約八十名の代表がやって来て、総勢一千人が集会に参加したという。だが、第二回目の会合が開かれたのが九九年十月（於ドイツ・ミュンヘン）であることからも推察できるように、実質この組織は世界に影響を与えるようなアクションは何も起せなかった。

苦しい台所事情

このような老世代の組織と、ドルクン等の若い組織の統合が現実味を帯びてきた時期、二〇〇三年十二月十五日、中国政府は「東トルキスタン・十一人のテロリストと四つのテロ組織」を公表し、「世界ウイグル青年会議」をテロ組織であると断定、ドルクン・エイサ等をテロリストだと非難した。ドルクンは言う。

「『世界ウイグル青年会議』は九六年十一月に作られた組織なのに、中国は資料の中で『九三年にカシュガルの農業機械工場の爆破を計画実行した』と辻褄の合わない記述をしている。同じ資料に、『東トルキスタン解放組織』副主席を私が務めていたとあるが、この組織に加入したことはない。また、私が『国際東トルキスタン青年連盟』主席だとも書いているが、そのような名の組織は聞いたこともない。あまりにズサンな文章だった」

中国政府は二団体が合併して、世界的組織に変貌するのを阻止したかったのだろう。また、「テロ組織認定」によって、エイサ亡き後、早期亡命者たちの運動を牽引してきた息子のエルキン・アルプテキンを、ドルクンたちの組織に近づかせないよう目論んだのかもしれない。残念ながらエルキンが最も信頼する若手運動家が、ドルクンだった。エルキン・アルプテキンは筆者とのインタビューで、次のように語っている。

「ドルクンには少しも権力欲がない。知的労働能力があるのに中国と関わらざるを得ない仕事には絶対につかず、肉体労働も厭わない。『トイレ掃除をしてこい』と言えば、それさえ楽しみながらやるような男だ。次世代のリーダーは、彼こそ相応しいと思っている」

二〇〇四年二月十四日、中国政府は再び次のような報道を公にした。「世界ウイグル青年会議やドルクン・エイサはネパールに大金を送り、テロ基地を作る計画だった」。この宣伝に心底呆れかえったのは、普段ドルクンの身を案じて彼の政治活動を快く思っていなかった、彼の妻だった。確かにドルクンは、ネパールやインドに送金していた。それは、パスポートさえ所持せず、着の身着のままヒマラヤを越えて亡命したウイグル人同胞を、飢死せぬよう食べさせ、病気にならぬよう屋根の下に寝かせるため、送った援助金だった。ネパール・パキスタン・カザフスタン・キルギスなど中国の周辺国に逃れたものの、政治亡命が受け入れられず、強制送還され命を落とすウイグル人が増えていた。例えばこの頃、ホタンに於ける反政府運動リーダーだったシェル・アリーらは、ネパールから強制送還され、拷問の後に処刑されている。

幸いにして政治亡命が認められても、違法入国の罰金が払えないケースは多かった。それらを「青年会議」が負担すべく、送金を繰り返していた。「ウイグル人亡命者は、まるで稀少野生動物のように、中国とこれらの国々の間で売買されている」とドルクンは嘆く。アムネスティや国連人権会議や国連難民高等弁務官事務所は、ドルクンがネパール・インドで何をしているかすべて知っていた。

「青年会議」の台所事情は決して裕福ではなく、救いを求める多くの亡命者の命を繋ぐのに必要な資金繰りに苦労していた。ドルクンはこの頃、周囲に黙って売血を繰り返し、金を作っていたのだ。ある日ドルクンの妻は、トイレで目を剝いて倒れている夫に気づき、慌てて救急車を呼んで病院に担ぎ込んだ。ドイツ人医師は「なぜか、身体の中の血液の三分の一が失われている」と首を傾げた。

ドルクンの家庭では、子供の養育費や食費は、すべて妻が稼いで生活を維持している。ドルクンは、昼間は組織のオフィスで東トルキスタンのために働き、夜は運動資金を賄うためにピザハットで宅配の仕事に就いていた。条件の良い仕事は、昼の時間を拘束される。キャリアを生かせる仕事は、貿易など中国と関わらなくてはならない。ドルクンはあえて、厳しい選択を自分に課してきた。それを最も理解し、それゆえに批判してきたのが妻だった。

「あんた、(中国政府が言うように)そんな大金を所持しているのなら、ピザ配達のアルバイト代を家庭に入れなさいよ」

「世界ウイグル会議」を率いて

約一年半かけて合併協議を重ねた「世界ウイグル青年会議」と「東トルキスタン民族会議」は、それぞれ解散し、「世界ウイグル会議」として生まれ変わり、二〇〇四年四月十六〜十九日にドイツ・ミュンヘンで第一回会合を持った。

「中国政府はドイツ政府に対し、この組織には何人もテロリストがいる。会議でテロを画策するかもしれないと意見したようだが、『別の意味』も含めてドイツ警察は、厳重な安全対策を採った。『世界ウイグル会議』は中国政府の干渉を恐れ、会議場所や日時を直前まで秘密にする反面、ドイツ警察とは連絡を密にした。会場となるホテルは警察が警備し、会場内外に武装警官を配備。会議前には、警察犬が爆破物や危険物がないかどうか、くまなく調査した」

新生団体の名称を巡っては会議が紛糾した。「『東トルキスタン』を団体名称に使いたい。『ウイグル』を使用したら、東トルキスタンに住むウイグル人以外の民族が排除されるような印象を与える」との主張がある傍ら、中央アジア諸国の代表からは、「『東トルキスタン』は中央アジアの政治状況からすると使いづらい」との声が相次ぎ、「カザフもキルギスもタジクも既に国を持っているではないか。いっそのこと『ウイグルスタン』を名称に」との意見まで提出された。結局、多数決で、「世界ウイグル会議」に落ち着いた。

会の代表には、エルキン・アルプテキンが選ばれ、ドルクンは秘書長となった。

世界ウイグル会議の宣言書には、次のような内容が記されている。

「どの民族に属し、何の宗教を信じ、どんな言語を母語としていようとも、東トルキスタンで暮らしてきたすべての人々の権利を尊重し、文化の発展のために力を尽くす」

「宗教と政治を切り離して運動を進めていく」

「民主的な考えや方法を重んじ、如何なる独裁的手法も否定し、目的を果たすためにテロを行うことも否定し、平和的なやり方で運動を推進する」

世界ウイグル会議は、自決権を行使するために奮闘し、将来は東トルキスタンに民主的政治体制を作ることを目的とする。東トルキスタン民衆の人権を守るために努力する。また、民族運動を推進する際、国際法の原則を守ることを運動の方針とすると再確認した。

また、「世界ウイグル会議」は、全世界のウイグル人の諸団体に「ばらばらに運動をせず、団結して共闘しよう」と加盟を呼びかけた。それとともに、現在、組織が存在しない国に新設するのは別にして、一国に複数の組織が作られるのを制限していこうと呼びかけた。二〇〇六年末において傘下とする組織は、全世界で二十団体を越えている。

会議の最終日、「世界ウイグル会議」成立を記念して、ミュンヘンの中国領事館前で二時間のデモを行った。

「中国は、東トルキスタン独立問題とは、ほんの僅かの悪意を持つゴロツキが主張しているだけで、多くの新疆の民はそれを望んでいないと主張してきた。だが、中国で生まれ育った若い世代が欧米で運動を牽引するようになると、一つの民族・一つの文化が消滅するかもしれない、存亡の掛かった問題だと国際社会が認知し、重要な世界的課題の一つと理解されるに至った」

「世界ウイグル会議」が取り組んでいる最も重要な仕事の一つに、政治亡命者への支援がある。中国から政治的理由で逃れてきた者たちの亡命申請がうまくいくように、国連難民高等弁務官事務所やアムネスティなどの国際団体と連絡を取り合い、彼等がウイグル人であるとの証明書を発行し、西欧諸国の亡命受け入れ先をさがす手伝いをし、生きていけるよう援助する。これには資金がかかり、とても一人二人が腐心して作れる額ではなく、コンスタントに入ってくる資金源を考えなくてはならない。「最も頭の痛い問題だ」という。

「最近では組織が亡命者に当面の生活費を貸与して、安全な国に渡って生活の糧を得るようになったら返還してもらうというやり方を採用するようになった」

「全会員から月収の何%かを『税』として送金してもらうとか、十八歳以上の会員から月三ユーロの会費を徹底して徴収するとか体制を作らなくては。たとえ一人に換算すれば少額であっても全部あわせると大きい。各自が組織を支えているという意識を持ってもらうためにも……」

現在、「世界ウイグル会議」は、「アメリカ民主主義基金（NED）」から援助を受けており、以前に比べると助かっているという。

緩やかな連合体組織である「世界ウイグル会議」だが、会員に徹底を促した事項もある。一つは、役職を持っている者の中華人民共和国への入国禁止である。もしどうしても中国に行きたかったら、役職を辞めて三年後から可能であるとした。もう一つは、中国の公安や国家安全部と何らかの関係がある会員は、その関係を一切絶つ事。この二つは強制であって、違反者は処分される、とした。

「世界ウイグル会議」成立後、傘下団体が世界同時に抗議行動や記念行事を行うのは、すっかり恒例となった。例えば二〇〇五年十月一日、新疆ウイグル自治区成立五十周年記念日には、世界各地の中国大使館前でデモやハンガーストライキを行ない、祝い事を一切やめた。イリ事件、バレン郷事件の発生日にも、世界各地の中国大使館前で一斉にデモを起こしている。

ドルクンは二〇〇五年、国連人権会議に参加するため赴いたスイスの路上で当地の警察からパスポートの提示を求められ、検査の後に警察署に連行されて、五時間にわたって拘束された。なぜ警察に拘束されたのか分らず、警官もそれを教えてはくれなかったが、「恐らく中国から、私がテロリストだという通告でもあったのだろう」。ドルクンは自分が何者か、ウイグル人とは何かを説明し、ようやく署から解放された。「世界ウイグル会議」の代表であるエルキン・アルプテキンは、人権団体を通じて「スイスは人権問題の中心としての役割を担っているのに、ましてや人権会議開催時に人権問題をおこすとはどういうことか？ 独裁国家と手を組んで、人権を弾圧するとは何事なのか？」と抗議声明を発表。アムネスティなども動いた。まもなくドルクンの自宅宛に、スイス警察から「何かの誤解だった」との内容の謝罪の手紙が送られてきた。

同じく二〇〇五年、中国新疆テレビ局は『天山緊急出動』と題する連続ドラマを放送した。悪役として登場するテロ組織「エイサ集団」と仮面ライダーのショッカー軍団のような黒ずくめのテロリストたち。ラビア・カーディルと思しき女社長やエイサ・アルプテキンは、すべてウイグル人役者が演じていた。これらの「悪の帝国」が、「正義の味方」中国人民解放軍や公安警察に一網打尽にされるというストーリー展開だ。現実味のない間延びして退屈な脚本ではあったが、テロップから窺い知るに、新疆に駐留する軍と公安を総動員させ、戦車やヘリコプターなどの装備をフル活用し、空撮を多用し、お金をかけて制作しているところに、中国の宣伝部の並々ならない「執念」を感じる。

第二回「世界ウイグル会議」は、二〇〇六年十一月二十四〜二十七日、やはりドイツ・ミュンヘンで開かれ、十五ヶ国から五十九人の代表が集まった。

「事務局が会議への招聘状をドイツの国会議員宛に郵送したのだが、それを何故かドイツの中国大使館が入手していたり、個々のドイツの政治家に『ラビア・カーディルが来ても会わないでほしい』との要請が中国筋からあったり、相変わらず中国政府との『攻防戦』は起こった」

とドルクンは苦笑いした。特に中国領事館関係者が「緑の党」事務所に出向き、世界ウイグル会議はテロ組織であるから、その大会に出席するのはやめてほしいと要請した件については、現在裁判沙汰になっている。

心臓病などを長く患い、体調のすぐれないエルキン・アルプテキンは代表を降りて相談役となった。そしてラビア・カーディルが新しい主席になった。ドルクンは、個人や団体の連絡業務を担当する秘書長の仕事を続けるという。

「世界ウイグル会議」に集う亡命者は、どちらかと言えば高学歴エリートで、語学力を磨き国際会議にも臆せず出席し、国際ルールを学びながら世界にウイグル問題を訴えていくような人材が多い。そして武装闘争より頭脳闘争を選択しようとする。だが、こうした路線に異議を唱えるウイグル人亡命者も少なからず存在することは確かだ。

国外に出て「新疆」に戻るつもりのないウイグル人亡命者のうち、ドルクンのような高等教育を受けた者は、全体からすると、僅か二割に満たないと言われている。では、残りの八割は、どのような人々なのか。これについては第五章を参照してほしい。

二章

イリ事件を語る

――アブドゥサラム・ハビブッラ、アブリミット・トゥルスン

ミュンヘンの
「世界ウイグル会議」事務所

中華人民共和国にとって一九九七年は、改革開放を推進した政治指導者鄧小平が死亡し、植民地であった香港が英国から返還された、国家発展を象徴する歴史的な年であった。

だがこの年は、経済発展を続ける中国沿海部から最も遠く、改革開放から取り残されていた新疆ウイグル自治区イリ・カザフ自治州伊寧市（ウイグル語でグルジャ）に於いては、テュルク系ムスリムの少数民族であるウイグル人が大規模な反政府デモを行ない、当局の鎮圧によって前代未聞の数の逮捕者と、死者や処刑者を出した「イリ事件」が発生した陰鬱な年でもある。

本稿は、「イリ事件」に連座したと中国当局に見なされ、新疆から中央アジアを経て欧州に政治亡命せざるを得なかった二人のウイグル人の証言である。

一九四四年に成立して短命に終わったテュルク系民族の国民国家、東トルキスタン共和国の首都がグルジャであったことから、中国政府はこの地に於ける民族運動の台頭を極端に警戒するのだ。

「一九九七年イリ事件」の発生原因を、最近の中国の出版物『〝東突〟分裂主義勢力研究』（李琪著、二〇〇四年、中国社会科学出版社、東突は東トルキスタンの意）や『国家利益高于一切——新疆穏定問題的観察与思考』（馬大正著、二〇〇三年、新疆人民出版社）では「東トルキスタンイスラム党によるテロ」と断定しているが、その根拠は明白でなく、拙稿のウイグル人亡命者証言との隔たりはあまりにも大きい。

NHK『シルクロード』シリーズの大ヒットなど「新疆」への日本人の関心度は決して低くないにも拘わらず、この地域について日本メディアが伝えるニュースは、欧米メディアに比べて、中国国営新華社による画一的な情報をそのまま左から右へ流してしまう事例が少なくない。確かに、東トルキスタン問題の取材は難しい。言語の壁、チベット問題より低い認知度、情報源の不確かさ。しかし、どちらの言い分が正しいかはともかく、自由社会のメディアは、小さき声も丁寧に拾いあげ、記録する努力をすべきだと、筆者は強く思っている。

1 スイドン監獄の拷問——アブドゥサラムの場合

アブドゥサラム・ハビブッラは、一九七〇年三月四日グルジャ市（伊寧市）生まれ。イリ事件が発生した一九九七年二月五日、抗議デモに参加して投獄され、激しい拷問をうけた。「保護観察処分」になって出獄すると密かに国境を越えてカザフスタンに逃げ、現在は政治亡命先のドイツで暮らしている。

ドイツ・ミュンヘンにオフィスを構える亡命ウイグル人組織「世界ウイグル会議」の紹介で、〇六年の春、初めて彼に会った時、筆者は彼の傷だらけの外貌に息を飲んだ。顔にも頭にも腕にも足にも無数の拷問による傷跡が残る。鼻は殴打され陥没し、入獄前とは人相が変わったそうだ。何度も深い溜息をつきながら、時に考え込むように天井を見つめて訥々と語る姿が印象的だった。「亡命に成功した者は、自らの体験を語り、『新疆』の状況を世界に発信することが責務だと思っている」。以下は、彼の証言である。

事件が発生した日の朝十時、アブドゥサラムは諸民族平等や民主化要求を掲げたデモ隊の中にいた。共産党政権下の中国では政治集会をするにも政府の許可が必要で、無届けや無許可でデモや演説を行なった場合、特に「新疆」に於いては厳罰が下されると誰もが知っていたが、若いウイグル人青年アブドゥヘリルの呼びかけに応じて街頭に出た民衆は、午前の時点で一千人をゆうに越えていた。

昼十二時頃、当局は実弾を込めた拳銃を持った武装部隊を大動員し、催涙弾などを使ってデモ隊を強制解散させ、およそ七百人を拘束した。逮捕されたデモの参加者はイリ州監獄ゲート前の広場にいったん集められたものの、あまりに大勢であったので同監獄だけでは収容しきれず、一台のバスに約四十人を乗せ、何台もに分散させてイリ州の各県にあるそれぞれの監獄に移送させた。

夜六時頃、アブドゥサラムもバスに乗せられた。後ろ手に縛られ、指を使えないように錠で拘束され、頭を床に付けるよう公安に命じられた。そのような不自然な姿勢で二時間半、車に揺られて着いたのは霍城県のスイドン監獄だった。草も生えていない荒れ地の真ん中に、要塞のようにそびえるセメント造りの監獄は、冬は底冷えがして寒く、夏は太陽光が直接あたって蒸し暑い。監獄に着くと、九平方メートルぐらいの小さな部屋に約四十人が立ったまま身動きさえ出来ない状態で詰め込まれた。夜になっても休むことを許されず、深夜零時を過ぎてから公安による尋問が始まった。

最初に呼び出されたのは、彼だった。連れて行かれた尋問部屋には、ドアの両側に二人の漢人武装警官、正面に三人——中央が漢人、両隣はウイグル人——の「裁判官」、その両側にさらに二人の漢人警官がいた。最初に氏名住所などを筆記させられ、それからは拷問をくわえられながら、「なぜデモに参加したのか、どうやって参加したのか、デモを指揮したアブドゥリルやアブドゥミジットらを知っているのか」と三時間半にわたって詰問された。公安は警棒や棍棒で力の限り殴ってくる。殴るのに使っていた三本の棍棒の内の一本が二つに折れて飛んでも、すぐに別の棒を持ってきて殴り続けた。「デモの指導者など知らない。誰に扇動されたわけでもなく、デモをしていたから自ら参加した」と主張したが、それでは納得せず、公安は望む「自白」をとるため拷問手段をあれやこれや変えてきた。

今度は、足を開き、手を後ろに回した姿で縛られ、石炭の炎で外まで真っ赤になった鉄製の大きな暖房器具の前に立たされた。普通なら五分以上は耐えられないほどの熱さだ。全身からダラダラと汗が流れ、三十分ほど堪えたが、とうとう気を失って床に倒れた。それでも拷問は続いた。水を掛けられ、再び正常ではない姿勢で長時間我慢させられ、その姿勢のまま殴られ蹴られ続けた。隣室からも苦しげな悲鳴や呻き声が漏れてくる。それを聞いて、とうとう反発心が芽生え、「私たちは何一つ武器を持たず、平和に秩序正しくデモをしただけなのに、どうしてこのような目にあわなくてはならないのか。私がなぜデモに参加したのかは、こうした事が原因なのだ」と公安の目を見据えて叫んだ。

死んだほうが楽

尋問が終わると、食事を通す穴が一つだけ空いている、真っ暗闇の牢屋に連れて行かれた。喉が渇いて仕方なく、水を飲めたら死んでもいいとさえ思ったが、「水が欲しい」と言っても与えられなかった。目が暗闇に慣れていなかったからすぐには分らなかったが、約九平方メートルの広さの獄房には先住者が十三人もおり、九人が床に横たわり、二人が奥の方にいて、ドアのすぐ近くまで人だらけだった。殺人犯も政治犯も同じ房に押し込められ、すでに三年の実刑を言い渡された者、尋問が終わっていない者も同じ房だった。

翌日、公安警察は同房の一人を呼び出した。その人は帰ってくるなり、こう語った。「『新入りを集団リンチしろ。そうしたら本当のことを言うかも知れないから』と命ぜられた」と。公安の陰謀に慣れっこになっていた「囚人」たちは、誰一人としてそんな愚かなマネはしなかった。二年前から獄に入り「深圳から来た」という漢人の囚人は、「二年間で合わせて三十二人が、医者にも診てもらえず病気や傷で死んでいった」と教えてくれた。彼は「トラックで商売をしていた時、カザフスタンとグルジャを結ぶコルガス（霍爾果斯）の国境検問所で問題を起こした」のだという。恐らく密輸か何かをしたのだろう。

獄房には水槽のようなものが置いてあり、それをトイレ代わりにして大小便をしたが、汚物を捨てられるのは一週間にたった一回だけで、臭くてたまらない。布団を破って中の綿を取り出して固め、火を付けて燃やし、便器の中に放り込む。煙で臭気を和らげるしか方法はなかった。マッチがないので床のセメントに靴をこすりつけ、摩擦でできた火花で火を付けた。

朝食はコップ一杯のお湯と七十〜百グラムのマントウ（蒸しパン）。昼はお玉一杯分のトウモロコシ粥。夜は金を持っていればマントウなどを買って食べることが出来たが、基本的に昼と同じ粥一杯だけだった。

三日もしない内に、栄養失調のため便が出なくなり、そのうち一週間に一度、通じがあれば良い方となった。

公安は、その後も七回にわたって尋問と拷問を繰り返した。時に優しい言葉で騙そうとしたり、一転してひどく殴ったり、電気棒を使ったり。殴り方も陰惨で、例えば、顔面の片方ばかりを殴るので、それに耐えられず顔をそらすと、頭部を強く打たれた。このまま苦しむより頭部に酷い損傷を受けて早く死んだ方が楽だとまで思った。拷問によって足の指は一本ちぎれてしまった……。

絶句する筆者を前に、アブドゥサラムは「あとから思えば、私への拷問は他人より軽かったのかも知れない。一緒に捕まった人の中には、獄死した人もたくさんいたのだから」と、こちらを真っ直ぐ見据えて言った。

イリ州の二月三月はマイナス三〇から四〇度という厳寒が続く。四方に犬を連れた警官が見張る戸外で、裸足でパンツ以外一切の服を着ることを許されず、雪の中に立たせられ凍死した収容者もいた。「そういう目に遭わなかった私は運が良かった」

監獄は真ん中に公安が歩く廊下があって両側に獄房が並んでいる。食事を受け取るとき、外をちらっと見ることができるのだが、そのとき対面する向こうの房に女囚がいることがわかった。拷問に男女の別はない。否、女性は男より「酷い目」にあう事も少なくなかった。足腰が立たない女性を、公安二人がかりで引きずるように房に連れて帰る様を目にしたこともある。

公安は三ヶ月間尋問を続けたが、何をされても「私は一切知らない」との主張を絶対に崩さなかった。「デモの指導者を知っていた」とか「前もって計画を知っていた」などと答えただけで、十年や十五年という長期実刑となり、「アブドゥヘリル（デモの指導者）の活動に参加したことがある」などと自白した人は、更に重い刑を言い渡された。

公安は「これ以上スイドン監獄に留めておいても、新たな自白は出てこない」と結論を出し、五月七日、彼をイリ州監獄に移送した。そこは国民党時代からある古い監獄で、放り込まれた独房は、僅か一メートル四方の広さ。何十年という長きにわたって光が射さないため湿度が高く、床一面に苔が生え、不衛生極まりない状態だった。

三日後の五月十日、多くの書類にサインをさせられ、保護観察処分という形で釈放された。「今後このような政治運動に絶対参加しないこと。周りで政治運動に参加する人がいたり、政治運動をしているのではないかと心当たりがあった場合は必ず公安に報告すること」との文章に、本人のみならず父母までサインをさせられた。「監獄では警察は勤務態度が良く、優しく接してくれた」という文面にもサインした。拒否すると釈放は許されないからだ。

投獄される前に八十六キロだった体重は、「保護観察」で出てきたとき、ガリガリに痩せて六十一キロになっていた。全身を殴られ続けたので、至る所、皮膚が黒ずみ、青や紫色の鬱血が大量に出来ていた。獄を出てから二ヶ月ほど毎日冷たい水で皮膚を洗い、それを拭いてマッサージし続けた。鬱血痕が完全に消えたのは、一年経ってからのことだ。

牢から出ても二〜三日に一度は公安に呼び出されて尋問された。保護観察となった者を再逮捕し、四年から十年の刑を確定させている事例が何件もあることを知り、身の危険をひしひしと感ずるようになった。そこで「重病になった」ことにして、病院に十五日間ぐらい入院して「公安の呼び出しには応えられない」と返答し、その間に準備をして、カザフスタンのアルマトイへ逃亡した。国境貿易のトラックに二千ドル払って、荷物の間に隠れさせてもらったのだ。「行方不明」になると、公安は家族を頻繁に呼び出し、所在を聞き出そうとした。だが、家族も何処へ行ったか具体的には知らなかった。公安は制裁のためであろう、家族全員の公民身分証やパスポートを、海外渡航できないよう没収した。

アブドゥサラムを助けてくれたのは、カザフスタンから「新疆」に商売に来ていた貿易商たちだ。彼らはアルマアタ市内ではなく郊外に住んでおり、彼を更にひとけのない田舎まで連れて行き、人目を避けて外出をさせず、物音を立てないようひっそり生活させた。だがその頃、カザフスタン政府は東トルキスタンからの逃亡者を逮捕し、強制送還し始めていた。

匿ってくれた友人達と彼は、この国に長く住むことは不可能だと判断し、今度はウズベキスタンのタシュケントに避難場所を移したが、そこも安心して暮らせる国ではなかった。ウズベキスタン政府もウイグル人を中国に送還し始めていたからだ。中央アジアでこれ以上生き抜くのは無理だと悟った。

二〇〇一年、彼はヨーロッパに渡る決意を固めた。友人から経済援助を受け、ロシアに渡航するためマフィアに四千五百ドルを支払ってキルギスの偽造パスポートを作らせ、ウズベキスタンまで届けてもらった。モスクワを経由して渡ったドイツで、亡命までの歴程をありのままに話して難民申請し、一年後に受理された。ドイツ政府は「中国での身分証明書を提出できるか」と訊ねてきたが、「ムリだ」と答えるとすぐに難民証を発行してくれた。タシュケントなどで友人達に借りた金は、ドイツに亡命してから働いて全額返済した。

中央アジアに旅行したドイツの知人の情報によると、カザフスタンなど中央アジア各地に、彼を含む亡命ウイグル人三十二人の顔写真付指名手配書が貼ってあるという。

「首謀者」の素顔

実は、彼はイリ事件の「首謀者」と中国政府から目され、逮捕の末に水牢で死んだ一九六九年生まれの若い商人アブドゥヘリルと子供の時からの知り合いだった。アブドゥサラムの兄は縫製職人で、アブドゥヘリルの父が経営する縫製工場で働いていたことがあるからだ。

アブドゥヘリルは中学卒業まで漢人の学校で漢語教育を受けて育ち、卒業後は東トルキスタンと「漢人の地」を往復して商売をしていた。学校でもビジネスでも漢人と知り合う機会の多かったアブドゥヘリルは、漢人のウイグル人に対する差別意識や無理解、不平等な扱いに憤りを積もらせていたという。余談だが、中学を卒業してからずっと商売で生計を立てていたのはアブドゥサラムも同じだ。「ウイグル人の場合、大学を卒業してもなかなか企業に就職の道はない。勤務先を探そうにも『ウイグル人は要らない』とあからさまに差別される。商売をするなら高額の学費を親に捻出してもらって大学に行く必要はない。私は決して勉強は嫌いではなかったし、進学したかったが、家計のためにそれを断念した」

イリ事件は、アブドゥヘリルが始めた「マシュラップ」に端を発する。「マシュラップ」とは、東トルキスタンで広く行われている民間習俗である。一人をリーダーに選び、何十人かが集まって、歌舞やゲームやスポーツや会話をして楽しく過ごし、解散前に次回の開催場所や時間や担当者を決める。それは単なる娯楽の場ではなく、例えば、酒ばかり飲んでいたり麻薬を吸うなど反社会的行為をする者がいた場合、マシュラップの始めに罪の告白をさせ、次回に罰として食事を作らせたり掃除をさせたり社会奉仕をさせる。つまり問題を抱える者たちをコミュニティの中で孤立させず、人との繫がりを保たせ、正しい方向へ導くための装置――地域集団が抱える問題を円滑に解決する有効な手段――としても機能しているのだという。

アブドゥヘリルは「漢人の地」から一九九五年にグルジャへ戻ってきたとき、ウイグル人青年達の社会的不満を発散させる場として、サッカーを交流手段とするマシュラップを始めた。ところが地元政府は、各地に増え続ける「サッカーチーム」を政治組織ではないかと疑った。頻繁に集会を持つ民間団体が、団結力を強めていくのを極度に警戒したのだ。一九九五年八月十四日、政府関係者はサッカー場に放水して強制的に使用禁止にし、その夜アブドゥヘリルを逮捕した。試合に勝ったチームが受け取る優勝カップに、東トルキスタン共和国国旗を想起させる星と月が彫られていたことが弾圧の口実となった。

数日後、およそ一千人の若者がデモを始めた。「アブドゥヘリルを釈放しろ」「サッカーの継続を許可せよ」「スポーツは合法だ」などの要求を口々に叫ぶ群衆を、催涙弾を使って蹴散らし、数百人を拘束した。この一件でアブドゥヘリルは、全イリ州で誰もが知る有名人となった。

牢に放り込まれ、釈放されずに七ヶ月が過ぎた頃、抗議と身の潔白を示す手段としてアブドゥヘリルは断食を始めたが、そもそも監獄の中で極度の栄養失調状態であった身体では体力が一週間と持たず、七日目に意識が朦朧となった。彼の家族は公安警察から「そろそろ死ぬかも知れない」と呼び出された。アブドゥサラムの兄が同行し、監獄から彼を背負い、グルジャ市の友誼病院に担ぎ込んだ。当局は死にそうな人間に、厳しい監視は付けなかった。三日後、幸いにも意識を取り戻したアブドゥヘリルは、こっそり病院から行方をくらました。

逃走に気付いた公安当局は全国指名手配し、情報提供者に五万～六万元の賞金を出すと宣伝し、探し回ったが誰も密告する者は現れなかった。最初の五ヶ月間、ウルムチ方面や南「新疆」に逃げ、それからグルジャに戻り、昼は外に出ず、夜に人と会い、これまでと形を変えた「マシュラップ」を続けた。組織のメンバーは二千人規模にのぼっていた。

一九九七年、ついに追っ手は迫り、これ以上逃げおおせることは出来ないと観念したアブドゥヘリルは、ただ黙って逮捕されるより、街頭に出てデモの先頭に立ち、自分の主張を公に伝えようと考えた。二月五日、あのデモが決行された。

それより前に、「マシュラップ」のメンバーが、深夜に各ウイグル人家庭にビラを配ってデモを呼びかけた。庶民の間では大漢族主義への不満が鬱積しており、内在的だった反抗心は爆発寸前にまで到達していた。特に若者はアブドゥヘリルに共感し、彼のあとに続こうとしていた。

デモを指揮したアブドゥヘリル、アブドゥミジット、アブドゥサラム（同名異人）、ラフメットバイ、アブドゥロップの五人は、チャプチャル（察布査爾）監獄に収監されたと、アブドゥサラムはスイドン監獄にいた時に新入の「囚人」から聞いた。そこは政治犯ばかりを専門に収容する水牢があり、もっとも残酷で、生きては出られない獄だと噂されている。

デモの指導者達の消息は、外国に出てから知ることの方が多かった。アブドゥヘリルについてはウルムチや、さらに北京にも連行されて尋問されたと聞いていたが、最終的に死体が上がったのは、やはりあのチャプチャル監獄だった。ミュンヘンにある「東トルキスタン情報センター」が入手した、水牢で死んだアブドゥヘリルの遺体写真がある。内部の者が命がけで持ち出した写真だ。遺体は父母にも返さず、政治犯ばかりを埋葬するチャプチャルの共同墓地に投げ捨てられた。埋葬場所は一九九七年以降、人を寄せ付けないよう、武装兵士が常に周囲を見張っていると聞く。

イリ事件後、アブドゥヘリルが生まれ育った集落に近づくことはできない。彼の家族と親しかった者たちでさえ、公安を恐れて近づかない。往来はいまだ厳しく監視されているのだから。

イリ事件では、第一日目に少なく見積もって一千人ほどがデモに参加し、約七百人が逮捕された。デモは三日間続けられたので、毎日約一千人が参加し、同数が逮捕されたとしたら、恐らく二千人は監獄送りとなっているだろう。それはあくまで「現場」での逮捕者数であり、夜中に家に取り調べが来て連れて行かれた人もいるわけだから、実際の逮捕者数はもっと増えるかもしれない。

一九九四年に結婚した妻との間に、アブドゥサラムには二人の子がおり、上の子は九歳になる。もう何年も会っていない。公安の見張る彼の家ではなく、妻は子供とともに、妻の実家で暮らしている。ドイツに呼びよせたいが、中国ではパスポートを申請して作ることさえ許されない。子供にも妻にも何もしてやれない現状に絶望し、「君はまだ若いから新しい幸せを見つけられる」と国際電話で離婚を切り出すと、妻は「命の炎が消えるまで、あなたをずっと待っている。子供たちの父親はあなただけなのだから」と泣いた。「そんな彼女の心が嬉しく、そして辛い」と唇を噛んだ。

「この弾圧が子孫の代まで続いていかないよう、自分たちの代でケジメを付けたい。子供の時代には自由な社会になることを信じている」

2 超人気タレントの亡命――アブリミットの場合

筆者をミュンヘン空港で出迎えてくれたのは、「アブリミット・トゥルスン」と名乗る背の高い痩せたウイグル人男性だった。『新疆』で舞台芸術家をしていた」というだけあって、どこかたたずまいが美しく人目を引く容貌をしている。言葉は簡潔明瞭、頭の回転が速く、筆者の質問に的確に答える。まさかこの人物が、中国政府が国際手配した「十一人の恐怖分子（テロリスト）」の内の一人であるとは、初対面では思いもよらなかった。

一九六四年五月四日グルジャ市生まれ。高校までグルジャ市ですごし、一九八三年の大学入試では、州で一番の成績で新疆大学政治学部に進学した。漢語補習を一年間、専門を学んだ四年間と、大学時代を通じて班長を務め、奨学金をもらい、就職活動をすることなく卒業後は政府の命令で新疆社会科学院経済研究所に配属された。そこで八九年から九〇年まで経済研究に従事したが、九〇年の終わり頃、経済幹部を育成する新疆ウイグル自治区経済管理幹部学院に転属を希望し、商業経済管理・商標管理・広告管理などの授業を担当する教員となった。机に向かい、政策に沿って論文ばかり書いている研究職に魅力を感じなかった。教員になれば幹部候補生に「新疆」の問題点を認識させ、状況を改善へと導く道を模索できるのではないかと、理想を抱いて転職したのだが、学院も彼が望む職場ではなく結局また二年で職を辞した。

漢人政権への不満を直接表現するのは不可能だ。それでも「新疆」の社会問題を、微妙な角度からひねって表現し、民衆の意識を覚醒させることはできないだろうか。彼は前々から舞台芸術に興味を持っていた。芸術方面の専門教育こそ受けたことはないが、多芸で器用だった。一九九三年一大決心をして、女優である妻とともに私設劇団を結成した。劇団員は十八人から二十人。そのほとんどが三〜四ヶ月間の短期契約で、既に活躍している芸能人ではなく、個性的なアマチュアを街頭から発掘してきた。脚本は自分で書き、演出も自ら考えた。日常よくある事だが考えてみたら深刻な問題だったりするような、さりげないテーマをネタに、鋭い政治・社会風刺をする——日本で喩えるならコントや掛け合い漫才や落語に近い芸能を始めた。これがウケにウケた。東トルキスタン各地で年間百五十回を越える公

アブリミット

演をし、会場はいつも満員御礼。テレビ番組の制作、司会、ゲストにもひっぱりだこで、あっという間に「アブリミットがテレビに出ていない日はない」と言われるぐらいの超人気マルチタレントになった。

筆者は、「子供の頃、よくアブリミットの出演するテレビ番組を見ていた」という知り合いのウイグル人に、その印象を聞いた。

「普通のお笑い芸人は、単に人を楽しませるだけだけど、アブリミットは違う。独特の皮肉やブラックユーモアがピリリと利いていて、視聴者の興味を惹きつけ気をそらさない。面白いだけでなく、笑いながら考えさせられる話ばかりだった」

『浪費』『病院の玄関と裏手では……』『交換』など、作品が次々とビデオやカセットテープなどに商品化され、大好評を博した。毛沢東生誕百周年に合わせて、誰もが知っている『毛沢東語録』から「金言」を引用しまくってギャグにした漫才は、バカウケして売れに売れた。

芸能生活を始めて三年ほどで、政府系歌舞団所属の俳優たちよりもはるかに多くの収入を得、財力と名声を持つようになった。社会的効果も大きかった。彼の舞台に殺到した観客は、「新疆」の漢人政治の不公平さに不満があっても口にはできず、ひたすら我慢するしかないところを、アブリミットが作品を通じて巧妙に表現している様に快哉を叫んだのだ。

作品のテーマをさがすため、その頃彼は、よく田舎の農民に取材をした。役人の横暴や不正、信じ難いほどの貧困や差別。そんな深刻な話を聞いては心を痛めた。一九九六年の終わり頃、突然テレビ局は、「あなたの作品は放送できない。内容に問題があると上層部が判断した」と連絡してきた。そして政府は、舞台公演に必要な営業許可書を没収した。

一九九七年一月頃、ウルムチと故郷グルジャを行き来しながら、今後の身の振り方を模索した。その頃、のちに中国政府にイリ事件の「首謀者」と目されることになる五人の青年が、夜の闇に紛れてアブリミットを訪ね、計画の詳細を語り、協力を請うてきた。しかし彼は誘いを断わった。「私は政府にマークされているから、ウルムチを離れてグルジャに戻ったのだ。背後に公安の尾行がついているかもしれない。しばらく私たちは付き合わない方がいい。考えには賛成だが、私のアイディアは出せない。当面は公の場に出ず、静かに暮らしたい」

青年達と会ってから数日後、ウルムチにいたアブリミットのもとに、「イリ事件（二月五日～七日）が勃発した」とのニュースが入った。状況を知りたいと思い、急遽車を飛ばしてグルジャに戻ろうとしたが、主幹道路は軍に閉鎖されていた。裏道を何度も迂回して四日目にやっとグルジャに到着。そこでアブリミットは二人の知人女性の悲惨な最期と発狂を目の当たりにする。

十一人が公開銃殺された

デモに参加して逮捕され、イリ第一監獄に収監されたアミナという美しい女性がいた。事件当時二十歳前後。アブリミットは、アミナが小さな愛らしい少女だった時から知っていた。彼は何年もグルジャを離れて生活していたから、あまり会う機会はなかったが、彼女が十歳位の頃はよく目にしていた近所の子だった。元収容者によると、彼女は監獄で、拷問を伴う尋問を受けた上に、漢人の公安に集団で暴行され、輪姦されたという。未婚で深い信仰心を持ち、道徳的に正しくあらんと望み、清らかに生きてきた彼女は、正気を失った。精神に異常をきたし、壁などに向かって意味不明のことを言うようになった。

逮捕から約一ヶ月後、看守らは彼女を不気味に思い、深刻化する病状を恐れ、人目につかぬよう夜中に監獄外に連れ出して放置した。もはや正常に頭が働かない彼女は、自分の家さえ探せなかった。道路をさまよい二日間を過ごし、三日目の朝、スピードを出して走ってきた車にはねられ死んだ。ひき逃げ事故として処理され、死体は病院に運ばれ、ウイグル人医師が検屍をした。検屍結果を記したカルテには、暴行の痕があり妊娠さえしていたと書かれてあった。そのカルテを見せられたアブリミットは、やり場のない怒りをどう堪えてよいのか、わからなかった。

事件の約二ヶ月後、四月に最初の大きな公開裁判がグルジャ市サッカー場で開かれた。周辺の道はすべて武装兵士に遮断された。集められた五千人以上のほとんどが、政府関係の役所で働いている公務員で、ウイグル人も漢人もいたが、いわゆる一般市民はいなかった。アブリミットはコネを使って公開裁判の場にもぐり込んだ。裁かれたのは四十一人。十一人に死刑が宣告され、残りは無期懲役や懲役二十年や十五年。一番刑期が短い者で二年の実刑が言い渡された。死刑は当日、即実行された。

その日銃殺された中に、グルジャ市イェンギ・ハヤット村出身のイマムという、二十歳ぐらいの若い男性がいた。彼の母親は公開裁判の場に入ろうとしたが公安は許可しなかった。イマムの母は、サッカー場の向かいにある製紙工場に隠れて、裁判の進行を見つめた。当日は近隣住民を脅すためなのか、スピーカーを使って周辺に聞こえるぐらいの大音量で裁判の状況を実況していた。

裁判が終わると、処刑となる十一人はトラックに乗せられ、首に「罪状」を書いた大きな札をぶら下げられ、サッカー場からイリ川を越えたチャプチャルの刑場まで連行された。トラックは見せしめのため、ゆっくりと走らせる。そのあとを大勢の武装警官が並んで警備し、さらにその外側に群衆がついて歩いていた。

車がサッカー場を出るとき、一人の中年女性が狂ったようにトラックの上の一人の男性に向かって何か叫んでいるのをアブリミットは目にした。イマムの母だった。警察が乱暴に追い払っても、母は車の後ろを追いかけた。走っている間に靴が脱げ、スカーフで束ねた髪もバラバラになり、何度も転んだが、そのたび起き上がっては、息子の名を呼びながらあとを追い続けた。一キロぐらい必死で走ったが、母はとうとう力尽きて気を失った。

馬車（「新疆」ではタクシー代わり）の運転手が、彼女を哀れんで家まで運んだ。アブリミットは言う。

「彼女の息子を呼ぶ声は、いまでも耳について離れない」

実はイマムの母が住んでいた集落に、アブリミットの姉も住んでいた。裁判の約二週間後に姉を訪ねた時、イマムの母を道で見かけた。大通りで木に向かって手を振りながら、大声で話し続けていた。「ねえ、あなたたちはなぜ大きく上に伸びて、生きているの？　なぜ葉をつけているの？　私の息子がどうやって死んだのか教えておくれ」。彼女も神経を病んでいた。

アブリミットは自ら率先してレジスタンス運動を行なう覚悟を決め、その方法を模索した。親しい仲間数人を集め、「何かをしたい。私に何が出来るだろう？」と胸の内を打ち明けた。彼女たちの魂が、彼を運動へと突き動かしたのである。芸能活動をしていた四年間で蓄財した約百万元を持っていた。仲間に「家族の身の安全のために必要なら、金は私が出す。私たちは何か行動を起こそう」と提案し、計五回ほど今後について話し合ったが、ちょうどその頃、当局は「厳打（犯罪取り締まり強化月間のこと）」を開始し、監視を強めていた。

「新疆」では毎年伝統的祝祭日の前に、約百日間の「厳打」を行なう。「反政府運動家ではないか」と当局に疑いを掛けられた人物は、このときに徹底的に取り調べられる。公安が隣家の住人を強制的に引越しさせ、偵察員を一人住まわせていると察知した時、自分が「厳打」の重点対象になっていると悟った。当局の「網」に落ちるかもしれない。計画を実行するより「厳打」のピークが過ぎるまで、身を隠す方が先決だった。

一九九七年五月、カザフスタンのアルマトイに逃亡した。それから一週間経つか経たないかのうちに、公安当局は「アブリミットはああいう罪も犯した。こういう犯罪もやった。悪人は逮捕直前に逃走した」と、彼が知らない多くの罪を擦《なす》り付けて、東トルキスタン各地で報道した。例えば、『ウルムチ晩報』には、「グルジャで行なわれていたマシュラップは、全て彼が組織し指導していた」と結論づけた記事が掲載されていた。

「いずれにせよ私は、これで二度と愛する故郷に戻ることはできなくなった」

「いまのグルジャは、世界の中でエイズ感染の危険が最も高い地域に数えられている。若者は前途の希望の無さに絶望し、つかの間の幸福感を得るため薬物に走る。注射器の使い回しでエイズが蔓延した。その恐ろしい絶望の街が、私の故郷なのだ」

アルマトイに居続けざるを得なくなった彼は、この土地で自分が出来ること、なすべき事を思いめぐらした。カザフスタンのウイグル人コミュニティでマシュラップを始めたのは、中国政府へのレジスタンス運動の拠点の一つを中央アジアに作ろうと考えたからだ。マシュラップの場で現地の青年たちにウイグルの歴史を語り、「新疆」の現状を知らせ、民族問題について共に討論した。教師であり芸能人であった彼の民族問題講義は、青年たちの心をとらえた。あっという間にウイグル人社会で評判となり、約一年後には、名簿に約三千人のマシュラップメンバーが記載されるまでになった。

アブリミットは更に先も考えた。中央アジアのウイグル人青年達は、ソ連時代に義務づけられていた徴兵制のおかげで、皆が軍事教育を受けており、武器の扱い方を知っていた。「その日」が来たら、東トルキスタン独立のために、青年たちには力になって欲しかったのだ。

会場前に何台もの車が連なる大盛況のマシュラップを、地元の公安や政府が「注目」するようになると、町中で行なうのは傍《はた》迷惑だと考え、場所を郊外や山中に移した。ソ連解体後、無人になっていた共産党老幹部のための老人ホームを、一ヶ月百ドルで借り上げた。ある日、知人が「そろそろ気を付けた方がよい。中国大使館筋が感づいてカザフスタン政府に圧力をかけているようだ。送還される危険性がある」と教えてくれた。知人の忠告から間もなく、中国の安全部関係者とカザフスタンの公安警察が一緒になって、マシュラップのメンバーを拘束し、「何をしているのか。指導者は誰で、その者は何を語っているのか」と尋問を始めた。

トルコ経由でドイツへ

逮捕送還の危険のあるカザフにいられなくなったので、一九九八年九月にウズベキスタンの首都タシュケントに逃げて一九九九年三月まで滞在した。同月末、ウズベク人の偽装パスポートを使ってトゥルクメニスタン経由でトルコに渡った。

四月から十月までの七ヶ月間、イスタンブールに滞在したが、近年トルコも中国と経済的交流が深まり、ウイグル人にとって安全な国とは言えなくなった。

十月、ドイツの東トルキスタン民族会議実行委員会から、会議参加の招聘状と資料が送られてきた。悩んだ末、中国の偽装パスポートをつくり、会議の資料や招聘状を持ってドイツ大使館に持っていくと、ビザが下りた。

イスタンブール・アタテュルク空港の出国検査で、入管法違反の疑いでトルコ警察に捕まり、三十分にわたって押し問答した。「おまえがトゥルクメニスタンから入国して、ここで拘束されるまでの動きは、トルコの安全部門はすべて把握している」と、警察官は言い放った。それから更に三十分待つと、手にアブリミットの写真を持った高官と思われる人物が、取り調べ室に入ってきた。パスポートの写真と手持ちの資料を見比べながら、高官は静かに「彼を釈放しなさい」と部下に命じた。

「なぜ、その高官はあなたを釈放したのですか?」との筆者の問いに、アブリミットはこう答えた。「中国に送還したら『同じテュルク民族を売った』とテュルク人世界で白い目で見られる。だが、トルコ国内に留めておくのは国益に反する。『知らずに』第三国に出国させるのが肩の荷を下ろす最善策だと、判断したのかもしれない」

飛行機がドイツに到着すると、ここでも捕まるのではないかと心臓がバクバク鳴った。入国検査カウンターではパスポートの写真が貼ってある頁ではなく、ビザの頁にチケットと招聘状を入れて入国管理官に渡すと、チケットと招聘状だけ見てすぐにハンコを押して返してくれた。「嗚呼、たすかった！ 私は明日も生きていける。命を危険に晒す心配はもうない。やっと自由の国に来れたのだ！」。空港を出たところにある緑地の芝生に身を投げ出して、万感の思いで空を見上げた。「青い空はこんなにも美しい！」

ドイツに着いてから、「新疆」で制作した番組のテープなど証拠となる資料をかき集めて関係部署や役所に行き、事情のすべてを説明した。一年半待って、やっと難民認定証や居留証が下りた。

自由の国ドイツに来てからも、彼は見えない圧力に悩まされた。

ドイツ亡命が成功したとき、トルコにいた妻は社会的圧力に耐えかねて、「ドイツには行かない。離婚して下さい。子供はあなたが面倒をみて」と切り出した。彼女は「新疆」にいた時から、常々「夫を殺害する」「送還させる」などの脅迫を受け続けてきたが、とうとう精神的に参ってしまったのだ。「新疆」で芸能活動を始めたのは女優だった妻の影響だったし、それが成功したのも妻がいたからこそだった。

離婚と、息子をドイツに連れてくる手続きを、黙ってやった。

空港で出迎えた子供を家に連れて帰る途中、息子は泣き出しそうな顔で父親を見上げて言った。「公安が電話をかけてきて、『おまえの親父はこんな悪いことをした、あんな悪いことをした』と僕に言った。お父さん、それは本当なの？」。ひとつひとつ正直に息子に説明したという。穏やかな語り口調のアブリミットが、この時ばかりは「幼い子供にまで政治的圧力をかけるとは、いくらなんでも酷すぎる」と声を荒げた。

ドイツに来て六ヶ月後、二歳年下の弟が「新疆」で交通事故死した。道を歩いていると、後ろからスピードを上げて走ってきた車に跳ね飛ばされたのだ。兄がひき逃げ犯をつかまえ公安に突き出したが、後に犯人の刑罰について問い合わせると「牢屋から逃げた」とそっけない返事をされた。慣れないドイツ生活、家庭の崩壊。そして弟の不審死。アブリミットは精神的に大きな打撃をうけ、罪の意識に苛まれ、それから一年ほど鬱病を患った。

それにしても不思議な話である。ウイグル人権活動家ラビア・カーディル（第一章）は不審な交通事故で重傷を負い、世界ウイグル会議のスポークスマンであり、筆者の通訳であったデイリシャット・ラシットの母も交通事故死している。偶然なのか何なのか……。

ドイツに来て約三年間は皿洗いをした。手元に大学院修了証明も、身分証も何もなかったからだ。カザフスタンに逃亡したとき、彼は預金の約半分を持って出た。「新疆」に残してきた金は、海外で引き出すことは出来なかった。中央アジアで流浪しているとき、パスポートを「買った」り、マシュラップを開催するため、或いは仲間を救出するために金を使い、トルコ脱出時には底をついていた。

亡命したその年の末、知人から「約百五十ユーロをくれる皿洗いのアルバイトがあるから働かないか」と誘われた。厨房で皿を洗いながら、頭上に据えてあったテレビをぼんやり眺めていると、ちょうど迎春番組が流れていた。「新疆」にいたとき、アブリミットは大晦日の特別番組で何度も司会をし、新年までのカウントダウンを唱え、舞台の上で新春を迎えた。「人生にはこういう事もある」と自分を納得させようとしたが、頭とは裏腹に、涙がぽろぽろとこぼれ落ちた。

その後約一年間、レストランでコックとして働いた。今は家族の養育のため、ドネルケバブを売って生計を立てている。数年間は生活のため闇雲に働くしかなかった。最近やっと経済的に落ち着いて、語学と法律の勉強をする時間がとれるようになった。「私の『武器』は舞台上での語りでありパフォーマンスだ。言葉の壁さえ乗り越えたら、ここでもテレビや舞台で活躍できると信じている」

ドイツでは、世界ウイグル青年会議と東トルキスタン民族会議が合併して成立した世界ウイグル会議（本部はミュンヘン）で、実行委員会副委員長や内政部部長などの役職に就いた。欧州東トルキスタン連盟の副主席も務めている。国際法や各国の法律を学んでいるのは、ウイグル人のこれまで行なってきた、或いはこれから行なおうとするレジスタンス運動が、法的に正しいのかどうか、しっかり理解しておきたいからだという。

ディリシャット・ラシットは、「アブリミットを『恐怖分子（テロリスト）』だと当局が声高に宣伝するのは、彼のウイグル人社会に於ける影響力を恐れているからだ。ラビア・カーディルもそうだが、民衆に愛される人物が号令を掛けて抵抗を呼びかけたら、多くの人が後に続く。そういう人物が当局にとって最も『恐怖』なのだから」と、筆者に強調した。

第四章

シルクロードに撒布された「死の灰」

——核実験の後遺症を告発した医師アニワル・トフティ

DVD で売られている
核実験の映像

ある外科医の勇気ある告発

中国の新疆ウイグル自治区では、大脳未発達の赤ちゃんが数多く生まれ、奇病が流行り、癌の発生率は中国のほかの地域に比べ極めて高い。それは核実験の後遺症である可能性が高いが、中国政府の圧力のためにその事実は公にされず、支援を受けられない患者たちは貧困のため薬を買えず、なす術もなく死を迎えている――。

このような内容のドキュメンタリー"Death on the Silk Road"(『シルクロードの死神』)が、一九九八年七、八月イギリスのテレビ局、チャンネル4で放送された。同番組はその後フランス・ドイツ・オランダ・ノルウェーなどの欧州諸国をはじめ、計八十三ヶ国で放送され、各国に衝撃を与えて、翌年優秀な報道映像作品に贈られる世界的に有名なローリー・ペック賞を獲得した。

このドキュメンタリーで真実を訴えたがために、多くのものを失ったウイグル人医師がいる。新疆ウイグル自治区の区都ウルムチで外科医をしていたアニワル・トフティは、何度も国際学術会議に出席し、難度の高いオペを行い、何よりも目の前の患者を最優先していたため、ウイグル人・漢人を問わず患者に信頼され、尊敬されていた優秀な医師だった。彼はトルコの病院に勤務している時に、『シルクロードの死神』で中国の核実験による後遺症を世界に告発したことにより、中国への帰国は叶わなくなり、家庭は崩壊。中国に残していた二人の子は出国を許可されず祖父母が養育している。

政治亡命先のイギリスでは、狭い借家で、彼と同じように政治亡命してきた大勢のウイグル人とともに暮らす。欧米諸国では他国で取得した医師免許を認めないから、外科医として活躍する場も失った。慣れない生活と苦しい暮らし向き。自分の能力を発揮できない日々に苛立ち、酒量が増えた。だが、彼はそれを「決して後悔していない」と語る。

筆者は二〇〇六年の八月二十三日にロンドンで彼にインタビューした。

彼が原爆症を調査し始めたきっかけは、些細な出来事だった。

医師アニワル・トフティ

ウルムチの鉄道局付属病院で腫瘍専門外科に勤務していたとき、漢人の主任医師が「まったくウイグル人ってのは健康だな。(腫瘍外科が管轄する) 入院患者全四十床のうちウイグル人は僅か十床だけだ。三対一の割合で漢人が多い」とぼやいたことがある。それを聞いたアニワルは、「そんなはずはない」と思ったが、その場では反論しなかった。

「なぜなら私の勤務する病院に入院できるのは、鉄道局に勤務する労働者だけだ。鉄道局には十六万の労働者がいたが、ウイグル人はその内のたった五千人だ。つまり、病床に占めるウイグル人の割合は漢人より圧倒的に多く、ウイグル人の健康状態の方が悪いことを意味している。だが私には、なぜそんな数字が出てくるのか分からなかった。私は医者として、どうしてもその原因を突きとめたかった」

この頃から資料やデータを探すようになった。一九九四年九月、鉄道局はすべての鉄道沿線の鉄道労働者とその家族の健康調査を一斉に行ない、アニワルは腫瘍に関するデータを集計するチャンスを得た。ドキュメンタリーで使用した悪性腫瘍発症率を記したグラフは、その時のデータを用いた分析だ。

「ウイグル人の悪性腫瘍発症率は中国のほかの地域の漢人に比べて三五パーセントも高いという調査結果が出た。これはとんでもない確率だ。その後、継続して分析した結果、新疆に三十年以上暮らしている漢人も、ウイグル人と同じく非常に高い確率で悪性腫瘍を発症していると分かった。二十年以上暮らしている者は約二五パーセント、十年以上であれば一〇パーセント、十年以下の漢人は『内地』の漢人とほぼ同じだった。つまり、この数字は新疆の地に何らかの原因があることを明示している。漢人かウイグル人かに関係なく、この地に長く暮らすと身体に『問題』が発生するのだ」

アニワルはそもそも政治に強い関心があるわけではなかった。患者の命を救うことを第一に考え、誰にも公平な正しい医者になりたかっただけだ。ところが原爆症を告発した今では、中国共産党から「新疆分裂主義分子」のレッテルを貼られ、お尋ね者になり、「中国に入境すれば禁固二十年は免れない」という。彼は声を震わせて怒った。

「これはウイグル人のみの問題ではない。新疆に長く住んでいる漢人だって他の民族だって、みな原爆症に苦しみ続けてきた！」

「アニワル」はウイグル人男性に多い名前の一つで、アルバニア労働党第一書記「エンヴェル・ホッジャ（アニワル・ホージャ）」にちなんで名付けられたという。

「『アニワル』の名は昔からウイグル人の中にもあったけれど五〇年代には少なく、六〇年代になって急増する。半ば鎖国状態で海外報道が少なかった当時、それなのにラジオは毎日、友好国のアルバニア情勢だけは放送していた。そのせいで雨後の竹の子のようにアルバニア大統領と同じ名を持つ子供が増えた。

『エンヴェル』はスターリン礼賛者で、多くの国民を政治闘争で死に追いやり、今ではアルバニアで最も嫌われている人物だ」

と言って、舌を出して戯《おど》けた。

母語のウイグル語と同じぐらい流暢に漢語を操る。一九六三年コムル（哈密）に生まれ、まもなく鉄道局の学校に勤務する父の転属でウルムチに引っ越し、そこで育った。当時、鉄道局に所属するウイグル人はほとんどおらず、同局が労働者夫婦のために運営した幼稚園や小中学校は漢人の子ばかりだった。

「保育園から漢人のコミュニティに放り込まれたから、漢人の考え方や行動パターンは、他のウイグル人より理解している」

彼の子供時代は、いまの新疆で普遍的に見られるような漢人とウイグル人の間に横たわる根深い猜疑心と憎しみの構図は存在せず、ウイグル人の子供が漢人の同級生の家に気軽に遊びに行くなど、牧歌的な往来もあったという。

「だが、子供心に傷ついたのは、漢人の大人から蔑まれることだった」

保育園に通っていた頃、漢人の女の子が火が付いたように泣いていた。泣きやまない子にイライラした保母さんは、「そんなに泣くと『哈老維《ハラオウエイ》』があなたを掴まえて食べてしまうよ」と怒った。大分あとになって「哈老維」とはカザフ人（「哈」）とウイグル人（「維」）をバカにした言葉だと知った。教育現場で教員が無意識に口にする偏見。差別の連鎖はこのように大人から子供への「教育」で始まっていく。

小学二年生の大晦日、漢人のクラスメートの家に遊びに行った。食卓にはご馳走が並んでいる。一緒に御飯を食べようと誘われたとき、「豚肉以外のものなら」と遠慮がちに言うと、同級生はウイグル人の生活習慣を本当に知らなかったのだろう、「どうして豚肉を食べないの？」

言い放った。

としたとき、同級生の父がアニワルの言葉を遮り、「豚は彼らの先祖だから喰わないんだ」と言い放った。

と不思議そうに聞いた。「イスラム教の教えでね、僕たちは豚を食べないんだよ」と答えようとしたとき、同級生の父がアニワルの言葉を遮り、「豚は彼らの先祖だから喰わないんだ」と言い放った。

漢人は自らの先祖を龍（ドラゴン）だと高言する。漢人の祖先は龍で、ウイグル人の祖先は豚……。「漢人の目にウイグル人は劣等民族と映っているのかもしれない」。少年は心底傷ついたが、悔しさをバネに「漢人に負けるものか。僕は劣等民族じゃない」と、猛勉強するようになった。

父母と話す言葉（ウイグル語）と学校で使う言葉（漢語）は文法も字も違い、漢人とは習慣も宗教も顔かたちだって違う。常々「ヘンだなぁ。なぜウイグル人は中華人民共和国の少数民族なんだろう」と疑問を抱き続けていたが、当時は文化大革命の真っ只中。インターネットどころか書籍さえ手に入らない時代、何かを知ろうにもどうにもならなかった。

学校の「中国歴史」の教科書には、どこにも新疆とウイグル人に触れる記述がない。授業の最終日、「先生、どうして新疆について書いてないのですか？」と訊ねた。漢人の教員は「それはね、昔、君たちは外国人だったから」と答えてくれた。その言葉を聞いて、少年は無性に嬉しくなって、家に帰るなり大きな声で叫んだ。「あのね、僕たちは外国人だったんだって。先生がそう言ったんだ。かあさん、どうして『外国人』が中国人になったのかなぁ？」。文革期、政治的に問題があれば、それは死にも直結した。母は狼狽し、「しーっ。なんて不用意なことを言うの。気を付けないと」と息子を抱きしめ、慌てて口を押さえた。

医科大学に合格し、医者を目指していた頃、初めて「東トルキスタン分裂主義勢力」という言葉を耳にした。中国では面白いことに、ある情報が共産党によって伏せられれば伏せられるほど、人々の間で素速く口コミや「内部」で伝わっていく。「どうやって東トルキスタン分裂主義分子を打倒制圧したか」が書かれた内部資料を目にしたとき、世の中には東トルキスタン独立を目指す組織が地下に存在していると初めて知った。

「大漢族主義」の壁

一九九一年、鉄道局付属病院の医者となってからは、「大漢族主義」の壁に何度もぶち当たった。

アニワルの職場では、専門を同じくする八人の医者が一つの広いオフィスを使っていた。ある日、オフィスに一人の看護婦が入ってきて、医療に関する質問をその場の医者にした。仕事を始めて間もなかった彼は黙っていたが、誰も答えないので応対すると、その漢人看護婦は「あら、『吃羊脳子的』(いつも羊肉ばかり喰ってる者の脳味噌)にしては、このひと意外と賢いじゃない？」と呟いたのだ。医者は七人が漢人で、アニワル一人がウイグル人だった。無意識に言葉として表れる民族蔑視に立腹し、「豚の脳味噌と羊の脳味噌はどっちが賢いと思う？」と「難題」を吹っかけると、ある女医が「まあまあ」と、その場をなだめた。

九〇年代半ばぐらいまで中国では、それぞれの機関に勤務する労働者に、所属機関から住居を割り当てる制度があった。勤務先の病院では、漢人の医者には2LDKの部屋を一律に割り当てていたが、アニワルは夫婦と子供の一家族で1LDKの部屋しか分配されず、毎年広い部屋の分配を待った。一九九四年に書いた乳腺癌の早期発見についての論文が医学界で高く評価され、それから学会に参加するためウルムチを離れる機会が多くなると、「住宅割当会議のとき不在だった」などの理由で分配を拒否され続けた。「もうこんな不平等な国には居たくない」との思いが募った。

鉄道局付属学校の共産党委員会書記だったアニワルの父は、中国では党員でなければ安定した生活も出世も富の分配もあり得ないと誰より知っていたから、息子の将来を思って入党を勧めた。さして乗り気ではなかったけれど、漢人知識人の場合、大抵入党は簡単に許可されているから、勤務先の病院であまり深く考えることなく申請書を提出すると、「次の党支部拡大会議に招聘するから、その時、入党の決意を語るように」と命ぜられた。ところが運悪く、その審査会議の日、アニワルは当番医で緊急手術を必要とする急患がやって来た。病院には「急患は必ず当番医が対応する」との規定があったから、彼は会議に出ず、躊躇《ためら》うことなく手術室に向かった。

次の日、党委員が彼の机までやってきて、「どうして昨日の会議に参加しなかったのだ？　党が大切なのか、おまえ自身の用事が大切なのか、どっちだ、言ってみろ」と非難を始めた。「当番医だった」と弁明すると、「他の医者にやらせたらいいじゃないか」と嘯《うそぶ》かれた。彼は医者として、到底それを受け入れられなかった。

「次回は絶対に参加するように」ときつく注意されたが、二回目の会議日も、運悪く当番医があたり、急患がやってきた。今度は前回より病状が深刻で、二〜三時間のうちに手術をしなくては確実に命を落とす重体だった。ウダウダと欠席について批判された光景が一瞬頭をかすめたが、すぐに気分を入れ替え、三人の党員の医者にも準備させ、オペ室に向かった。何時間もかかる大手術となった。

翌朝、疲れ切っていたアニワルの所に、くだんの党委員は「入党申請書」を突き返しにきた。かくして彼は、党から拒絶された。

アニワルの政治亡命後、彼の母は周囲から息子について批判されると、「私は、息子を民族学校ではなく漢人の学校に行かせ、漢人の子供と同じように養育した。それなのに、ああなった。息子はあなた達が育てた結果なのだ」と反論しているという。

鉄道局の病院で働いていた時、ウルムチでバス爆破事件が発生、多数の死傷者が出た。犯行声明を出したのは、共産党政権や漢人の東トルキスタン支配に疑問を呈する中央アジアを拠点とした組織だった。朝、百名を超える医師や看護婦が電話で呼び出され、現場と病院で手当にあたった。殺気だった救急医療の現場……。その時、ある漢人の医師が「はやくウイグル人は我々と同化すべきだ。そうすればこのような事件は起こらない！」と腹立たしげに叫んだ。救急チームに集まった医者の中で、アニワルだけがウイグル人だったから、その場にいたすべての漢人の視線が、彼ひとりに注がれた。気まずい雰囲気が場を包んだ。

「確かに……あなたがた漢人は『偉大なる』民族だ。『日本鬼子《リーベンクイズ》』(漢語の日本人への蔑称)が中国を侵略したとき、あなた達は八年の抗戦を経て勝利した。我々ウイグル人も、いつの日か、きっとそれに倣うだろう」

自分が発した一言で、場の空気が一瞬にして凍りついてゆくのをぴりぴりと肌で感じた。

この事件後、アニワルは少し荒れた。漢人社会の中で漢語を流暢に使いこなし、技術や教養を身につけて仕事をこなす有能なウイグル人は、同族からの「風当たり」も強い。両方から板挟みになってしまうのだ。幸いにもアニワルには彼の苦悩を理解してくれる漢人の友がいた。高価で入手しづらいマオタイ酒を開けて、慰めてくれた。友は言った。

「七〇年代、いったい誰がソ連の解体を予測できたろう。永遠に続く体制などありえない。君たちが国を造ったその時、どうか平等の理想の国を造り、新疆に愛着のある漢人を迫害しないでおくれ」

中国の負の面を記すことが多くなった筆者にも、心を許せる中国人（漢人）の友はいる。筆者はアニワルの立場がよく理解できる。漢人社会とウイグル人社会の橋渡しになれたはずの彼のような良識あるノンポリの人間まで、正面から「敵」に回してしまった中国の「体制」が、筆者は残念でならない。

九六年、主任医師（管理職）になるための試験を受けたアニワルは、理論、技術、手術知識など医学試験はすべて合格したが、外国語だけは合格点に達していなかった。当時の新疆では、少数民族は大学入試などで漢語を外国語として試験を受けられるとの規定があったが、ウイグル人の医者の場合それは適用されず、母語のウイグル語と中国の公用語の漢語、それ以外にもう一つ必ず外国語をマスターしなければならなかった。これを理由に、彼は外国語修得のための語学留学を決意した。実際のところ留学は口実で、ウイグル人と同じテュルク系民族の国に渡り、医者を続ける道を模索したかったのだ。

パスポートを取得すると、中央アジアのウズベキスタンへ渡航し、わりとあっさり当地の病院で外科医の職を得ることができた。一旦ウルムチに戻って鉄道局病院の辞職手続きをすませ、喜び勇んで再びウズベキスタンに戻ったところ、ウズベキスタンは外国籍の者を簡単に雇用できないよう政策や法を変えていた。就職を約束した病院の院長は、すまなそうに謝った。ポケットにはわずか五十ドルしか入っていなかった。しかたなくツテを頼って商売の手伝いをしながらタシュケントで六ヶ月間を過ごし、少しお金を貯めて、トルコに渡った。

イスタンブルに着くと、すぐに東トルキスタン基金会のオフィスへ行き、イスタンブル大学外国語学科にある三ヶ月間のトルコ語修得コースを紹介してもらった。トルコ語とウイグル語はともにテュルク系の言語だから、ウイグル人は三ヶ月ほどトルコ語を学べば日常会話は支障なく話せるようになると言う。語学研修がすむと、中国で学べない外科知識を学ぼうと、医科大学大学院の受け入れ先をさがし始めた。

ガタガタと震えた

そんなある日、ウイグル人の知人が「ある英国人記者がウイグル人医師を捜している。会ってくれないか?」と連絡してきた。紹介された英国のテレビ局の記者は、新疆の疾病状況や癌の発生率などに並々ならぬ関心を抱いており、アニワルの所に連日通ってきた。そして三日目に、「新疆に観光客を装って潜入取材し、核実験被害の実態をルポしたい。ガイド兼通訳と偽って、あなたも一緒に行ってくれないか?」と懇願された。医者であるアニワルは英国人記者よりずっと現地情報に詳しいばかりか、ウルムチにいたときからこのテーマに関心を抱き、医療に携わる者の良心として被害状況を広く世界に公開したいと願っていたのだが、問題は彼の

「中国籍と中国パスポート」だった。彼にとって告発への荷担は、自らに甚大な不利益や災難をもたらす事を意味する。外国人記者に「協力しましょう」と返答しながら、その日の晩から眠れない日々が続いた。「逮捕」「禁固二十年」「拷問」「投獄」などの単語が頭をよぎり、ガタガタと震えがきた。

九八年七月にトルコを離れ、北京に向かった。同便に搭乗したのは、英国チャンネル4のディレクター、リチャード・ヘリングとスチュアート・タナー、癌を専門とする英国人女性医師のローラ・ワトソン、そして一人のカメラマン。アニワルは飛行機に乗ると却って恐怖感は消え腹が据わったが、反対に記者たちは、不安感をかき消すためであろう、一本空いたらまた一本とスチュワーデスを呼んでは酒を頼んで絶え間なく飲み続け、北京に到着したときはすっかり酔っぱらっていた。

一行五人は、核実験施設のある楼蘭遺跡近くの「ロプノール」(羅布泊)をめざす方法を模索した。実験地近辺の土や樹木を採取し、それらから放射性降下物(フォールアウト、いわゆる「死の灰」)や炭素などを検出して被曝状況を調べたかったからだ。旅行社に楼蘭遺跡を巡るツアーをアレンジしてもらおうと思ったが、問い合わせると一人につき十万人民元という法外な価格を要求され、この方法は断念せざるを得なかった。

記者たちは国際ライセンスを持っていたので、トルファンで車を借りて交代で運転し、アニワルがツーリストガイドを装って、可能な限り裏道を走り、自力で目的地まで行くことにした。

中国の核実験基地の所在地を、日本ではよく「ロプノール」と表記するが、その土地の正しい名称は「馬蘭」という。「馬蘭」の地名は、中国が出版する詳細な地図集にさえ表記されていない。そこはスウェーデンの探検家スウェン・ヘディンの『さまよえる湖』で知られるロプノールより西側で、新疆バインゴル蒙古自治州に属し、観光客がよく訪れる都市コルラからは僅か三百二十キロの距離だ。

核開発に着手した一九五〇年代後半から六〇年代前半の中華人民共和国は、「アメリカと対等に渡り合うための政治手段としての原子爆弾開発」に躍起になり、毛沢東の号令のもとに行った総動員体制〜大躍進運動では大勢の餓死者を出した。人命や安定した国民生活より、共産党軍の軍事力増強を優先したのである。大躍進運動と原爆開発の関係については平松茂雄著『中国、核ミサイルの標的』(角川書店)に詳しい。

原子爆弾の自主開発に成功した一九六四年から、核実験一時凍結を宣言した一九九六年までの三十二年間で、中国は計四十六回(諸説あり四十五回とも言われる)の実験を行ない、現在では、約四百五十基の核兵器が各地の軍事基地に配置されている。中国が行った核実験の回数は、米・ソ(現ロシア)など他の核保有国に比べると遥かに少ないが、人の住む村までさほど距離のない場所で一九八〇年まで地上実験を繰り返しているので、環境や人体に影響が出ないわけがない。アニワルは言う。

「英国国際科学調査委員会が中国の核実験の影響と思われる放射能を探知したのは、五千マイル先までだと聞いた。実験された核爆弾の中には、広島で投下された原爆の三百倍の威力の物さえあったという。中国政府は『核実験による周辺地域への影響はない』と主張し続けているが、カザフスタンなどの周辺諸国まで実際に『死の灰』は及んでいる」

鄧小平の下で改革開放政策が始まり、中国が多くの外国人観光客を受け入れるようになった一九八〇年代から実験を一時凍結した一九九六年までの間にも、この地では二十回近く核実験が行われている。筆者は若い頃、休みになるとリュックを担いで中国各地を旅して回るバックパッカーだった。いつだったか忘れたが、上海の安宿で聞いた、シルクロードへ一人旅に行った日本人青年の話が今も忘れられない。

「ローカルバスに乗って南新疆をめざしていたところ、突然昼間なのにピカッと光るものを感じた。その後、バスの中を見渡すと同乗者たちが皆、鼻血を流している。その光景は滑稽にさえ思えた。ところが、鼻に手を当てると自分も同じように血が出ているのに気づいた。バスの中は騒然となった。あの時、私は被曝したのかも知れない」

新疆の地で被曝したのは、中国人だけではないだろう。中国政府は核実験を予告せずに行っていたのだから。

二〇〇五年春から馬蘭核実験基地は、青少年のための「愛国主義教育基地」の一つとして部分的に見学が許可され、内部の博物館には「自力で原爆を開発した」歴史が誇らしげに展示されるようになった。基地は「村」と呼んだ方がよいくらい巨大で、砂漠に囲まれたこの基地に配属された兵士や労働者たちは、どこにも逃げて行かれぬようになっている。併設の「烈士陵園」には基地で死亡したおびただしい数の者たちが埋葬されており、けっして「輝かしさ」だけで核実験場を語ることはできないと窺い知れるのだ。

なお、中国の核兵器の規模や現状については、茅原郁生編著『中国の核・ミサイル・宇宙戦力』（二〇〇二年、蒼蒼社）に詳しいので参照してほしい。

潜入した村では

アニワルと英国人一行がカメラを回したのは、一つの村だけではなかった。実験地の砂漠を取り囲むように点在する南新疆のオアシスを転々と廻り、原爆症と思われる人々を訪問した。被曝調査をしていることは伏せていたので、なかなか医者に掛かる機会のない田舎の農民たちは、訪問を手放しで歓迎してくれた。

農民たちは「基地では、漢人の住む地の方向に向かって、つまり西から東に風が吹く時は核実験をしない。西に吹いた時に行っていた」と憤る。

新疆ではグルジャやウルムチ、トルファンなどは山に挟まれているから、他地域と比較すれば放射能の影響はまだ少ない方だが、遮る高い山が無く砂漠を越えて風が吹いてくる風下の方向、つまり基地から西のコルラ・ホタン・カシュガル方面は、直接、放射性物質が降り注ぐ。ある村では、生まれてくる赤ちゃんの八割が口唇口蓋裂だった。ある南新疆の村々では、内臓異常のため腹や喉など身体の一部が肥大化して瘤を持った者がたくさんいた。また、先天性異常で大脳未発達のため、歩けず話せない障害児ばかりが生まれる村もあった。

新疆ウイグル自治区の村々では、奇病の発生原因が何か分かっていても、貧困のため転居もできず、汚染された水を飲み、「死の灰」の残る土壌で農業を営んで生きて行かざるを得ない。患者は、有り金をはたいてウルムチなどの大都市に出て病院に掛かっても、高額の医療費と長い療養生活が必要だと医者から告げられると、たとえ深刻な病状であっても大半が治療を諦めて村に帰ってしまう。被曝者は静かに死を待つしかない。

南新疆での農村調査を終えた一行は、区都ウルムチで文献資料収集にあたった。アニワルは昼間、大学に保存されている内部資料や病院のカルテ、図書館の資料等を収集し、夕方、記者たちに資料を渡した。記者たちは病気になったフリをして部屋にこもり、昼間寝て、夜、資料のフィルム撮影を続けた。まるでスパイ映画「007シリーズ」の真似事をしているかのようだった。ホテル前に停まっているタクシーは絶対利用せず、待ち合わせ場所もしょっちゅう変え、用心に用心を重ねた。

収集した一九六六年からのデータを分析すると、癌の発生率は核実験とともに年々上昇し、特に伸び率が高いのが白血病とリンパ癌と肺癌だった。癌の中では圧倒的に血液癌（白血病）が多く、癌患者の九〇パーセント以上が白血病である。コルラやウルムチの総合病院には、白血病患者が大勢押し寄せた。カシュガルやホタンからも、白血病患者がウルムチの総合病院に来た。また、十二歳以下の子供が肺癌や肝臓癌に冒されて診療を受けに来たケースもあった。

収集した文献資料は、原本を残さないよう処分して、持ち出しはフィルムだけにした。そのフィルムや収集した土などを記者たちがどうやって英国に持ち帰ったかは、アニワルには知らされなかった。記者ではない別の人物に託したのではないかと思われる。

撮影隊一行は、中国から出国する時、「もしアニワルが逮捕されたら……」と気が気ではなかったらしい。無事に飛行場の搭乗手続きを終えると、アニワルはトルコへ、取材班は英国へと別便で帰途についた。アニワルはウルムチに住む家族にさえ取材が目的で帰国していたことを告げず、イスタンブルに着いてから国際電話をかけて、トルコに戻ったことを伝えた。

トルコに戻って間もなく、イスタンブルの病院で外科医の仕事を見つけた。給料も待遇もよく、これから安定した生活を送れると思っていた矢先だった。番組が放送された数ヶ月後の一九九九年三月、アンカラに駐在する台湾人記者から「来月李鵬がトルコを初訪問するらしいが、知っているか？」と連絡を受けた。「トルコと中国は貿易関係の強化を図るようだ。政治亡命者は身の安全を考えた方がいい」。

トルコ在住の亡命ウイグル人に激震が走った。もし両国間に友好条約が締結されたら、「犯罪者」の引き渡しが始まるかもしれない、そうなれば政治犯までなんやかや理由を付けて送還されるかもしれない……。アニワルはすぐに国連難民高等弁務官事務所に駆け込み、政治亡命を申請した。

政治亡命証明書はすんなり入手出来たが、安心してはいられなかった。

「何かが起こったとき、中国国籍の私をトルコ政府は保護できないだろうと思った。中国の特務は目的のためなら手段を選ばないと、政治亡命者はよく理解している。私の生存を保障してくれる安全性の高い国に渡りたかった」

トルコを離れる覚悟を決めた。

中国がアニワルを送還させるならば、その最大原因はイギリス人とともに制作した原爆被害告発のドキュメンタリーだ。トルコの英国大使館に駆け込んだ。資料を見た英国大使館員は、五分も待たず、その場でビザを発給してくれた。そして、ばたばたと何の準備もせずに英国に渡った。一年間の契約で借りていた部屋も中途で引っ越したので、未払い分を残したままだっ たけれど、大家さんはドキュメンタリーを見て「あなたは立派な仕事をした。契約の残りの家賃は請求しないから」と慰めてくれた。

ロンドンに来てから、撮影メンバーと会ったのは一度だけだ。彼は通訳ガイド料をもらって雇われただけで、ドキュメンタリー撮影に出資してはいなかったから、手元に撮影した資料のフィルムを保持する権利はなかった。資料はテレビ局が保管し、彼の手元には一部も無いという。

アニワルは、「新疆では、生物化学兵器実験も行われていた疑いがある。それが本当なら医者として到底許すことはできない」と嘆息する。例えば一九八〇年、新疆では二度にわたって奇病が流行り、当局は新疆の南と北を結ぶ路線を封鎖するなどの措置をとったが、それでも多くの人が死んだ。真の病名は公表されず、発生順に「一号病」「二号病」と番号で呼ばれた。

この奇病について、イギリス亡命後偶然手にした書籍『バイオハザード』に、詳細が語られていると知った。著者のカザフ人医師アリベックはトムスク（ロシア中部の州）のメディカル・インスティテュートを出て、ソ連時代に同国の研究所で生物化学兵器を開発実験していた医学者で、一九九二年に訪米して政治亡命を果たした人物だ。この回想録の中には、ソ連諜報部が新疆の奇病流行について調査をしていたこと、ソ連はそれを中国の生物化学兵器実験の失敗か、居住民をモルモットにした実験だと判断していたことが記されている。

「当時、自治区政府は『メッカに巡礼に行った者たちが持ち帰った水に病原菌が入っていた』

と発表したが、巡礼者は世界各国から来ているのだから、中国だけで伝染病が流行するわけがない」

痛い。私の足を切って

筆者が中国北京に滞在していた一九九九年頃、中国中央電視台では核兵器を開発した先駆者たちを紹介するドキュメンタリー番組を、何度も繰り返し放送していた。中国の老科学者へのインタビュー場面では、何の迷いもなく誇らしげに滔々と開発について語る口ぶりに、愕然としたことを今も鮮明に記憶している。ヒロシマに核を落とした後、アメリカの科学者や飛行士の中には精神を病む者が続出したのだが、そうした「情報」は中国からは伝わってこない。

ドキュメンタリー『シルクロードの死神』には、生まれた時は四肢に問題はなかったが、歳をとるにつれて骨が自然に折れて変形する関節異常の奇病を患った、十七歳のウイグル人少女が紹介されていた。あまりの痛さに泣き続けるので、母親が身体をさすろうとしたら、踵の骨が飛び出ていた。「痛い。私の足を切って。お母さん、もう死にたい」。救いを求める少女に、母親は為す術がない。「死を待つしかない子供たちに、親は『これは神様の定めた運命なのだ』と説明するしかない」と、悲しいナレーションが入る。

アニワルは「医者としてやりきれない」と頭を抱えながら、次のように語った。

「中国では被曝者が団体を作ることも抗議デモをすることも許されないし、国家から治療費も出ない。中国政府は『核汚染はない』と公言し、被害状況を隠蔽しているので、海外の医療支援団体は調査にも入れない。医者は病状から『放射能の影響』としか考えられなくとも、カルテに原爆症とは記載できない。学者は大気や水質の汚染調査を行うことを認めてもらえないから、何が起きているのか告発することもできない。このように新疆では、原爆症患者が三十年以上放置されたままなのだ」

「被爆国日本の皆さんに、特に、この悲惨な新疆の現実を知ってほしい。核実験のたび、日本政府は公式に非難声明を出してくれた。それは新疆の民にとって、本当に頼もしかった。日本から智恵を頂き、ヒロシマの経験を新疆で活かすことができればといつも私は考えているけれど、共産党政権という厚い壁がある」

そう言うと彼は、深い溜息をついて、天を見上げた。

第五章　グアンタナモ基地に囚われたウイグル人たち

五人の〝テロ容疑者〟

「テロとの戦い」の陰で

二〇〇一年九月十一日、国際武装テロ組織アルカイダのメンバーとされるイスラム原理主義者たちが、ハイジャックした民間機でニューヨークの世界貿易センタービルなどを破壊し、三千人もの死者を出した。所謂「同時多発テロ」への報復として、アメリカはアルカイダの精神的指導者ビンラディン（アラブ人）を庇護していたアフガニスタン・タリバン政権を打倒するため、「テロとの戦い」をスローガンに、同年十月七日よりアフガニスタン本土への空爆を開始した。米英連合軍の軍事攻撃によって民間人を含む多数の死者を出し、タリバン政権は、わずか二ヶ月で崩壊。その間、米軍はテロ事件の全容を解明するために、タリバンやアルカイダ関係者と思われる人物を続々と拘束し、キューバにあるグアンタナモ米軍基地内の収容所に連行して、厳しい取調べを行なった。

グアンタナモには、タリバンやアルカイダ兵士の疑いをかけられて連れてこられた、中国新疆出身のウイグル人が計二十二人いた。彼らは皆、アフガニスタンやパキスタンの山間部で地元民に拘束されたのち、高額の報奨金と引換に米軍に引き渡された者たちである。そのうちの五人については、「テロともアルカイダともタリバンとも関係がない」と米軍は早々に潔白を認めたが、無罪判決が下りて一年たっても釈放されなかった。

九・一一以降の国際的な「反テロ運動」の中、中国共産党はイスラム教徒で中国の「少数民族」であるウイグル人の反政府運動や独立運動を、「国家に対するテロ行為」と位置づけ、時に武力や強権を用いて鎮圧してきた。たしかに、ウイグル人独立運動家の中には武装闘争路線を選択する者がいたことは事実だが、中国の国家安全当局は、活動内容が暴力的破壊行為であろうが平和的宣伝活動であろうがお構いなしに、また運動と関係のない者まで少しでも疑わしきは、「国家転覆罪」の名で処刑や無期を含む厳罰に処している。それゆえに五人は「中国新疆に帰れば、どんな不条理な待遇をされるか分らない。間違いなく政治犯として投獄されるだろう」と、釈放が決まっても中国への帰国を拒み、アメリカへの政治亡命を希望した。

アメリカ政府が不当逮捕を認めながらも、長期にわたって収容所に留め置いたのは、グアンタナモ基地には他にも多数の不当拘束者がおり、一人のアメリカ亡命を認めれば、それら全員にグリーンカード（永住権）を許可しなくてはならないからだ。合衆国政府は政治亡命を受け入れてくれる国を、換言すれば「厄介者」を押し付ける国を、方々探し回った。直接交渉国はヨーロッパ諸国をはじめ計二十数ヶ国に上ったという。

どの国も自国の経済利益を優先し、或いはアメリカのエゴを窘《たしな》めるために拒絶したが、二〇〇六年五月になってやっと「ヨーロッパの最貧国」と言われるアルバニアが受け入れを表明した。同月、グアンタナモ基地から無罪となった五人のウイグル人と、ウズベク人、エジプト人、アルジェリア人の各一人が、軍用機でアルバニアの首都ティラナに移送され、同国で釈放された。現在彼ら全員は、ティラナの国連難民高等弁務官事務所を兼ねる難民施設で暮らしている。

筆者は〇六年九月、トルコのイスタンブルからティラナまで轟音のプロペラ機に搭乗した。アルバニアには五人以外にウイグル人はおらず、ウイグル語を話せるアルバニア人もいないという。そんな国でどんな暮らしをしているのか。なぜ戦争地帯に滞在していたのか、本当に武装独立運動と関わりはなかったのか……、聞きたいことが沢山あった。

ティラナの国際空港は、まるで筆者の生まれ故郷高知県の空港のように小さく、空港周辺は真っ直ぐ天に伸びる木々が並んでいるだけの牧歌的な情景が広がっていた。空港から約三十分。繁華街にあるホテルにチェックインした筆者は、対面の古いモスクから響いてくるアザーン（礼拝の呼びかけ）に誘われ、散歩に出た。一切の宗教活動が禁じられていた社会主義時代がまるで嘘のように、大勢の信者が熱心に祈りを捧げていた。繁華街のロータリーには、「中国・アルバニア蜜月時代」の名残であろうか、中国の政治宣伝ポスターにセンスのよく似た、労働者や農民を描いた巨大なモザイク壁画があった。

社会主義の二大国、旧ソ連と中国が対立していた一九六〇〜七〇年代、東欧社会主義諸国ではアルバニアだけが、ソ連ではなく中国への支持を表明した。米ソ関連のニュースさえ報じなかった文化大革命期、中国はアルバニア情勢だけは詳細に伝えていたほど両国は「親密」だったが、文革末期に中国が事実上の鎖国体制をやめ、毛沢東の死とともに改革開放路線に大きく舵を切ると、アルバニアが中国の政策転換を批判して関係は悪化した。

ソ連邦崩壊を経た一九九二年、アルバニアでは第二次大戦後初めて、非共産主義政党が政権を掌握した。体制が「自由化」したとは言え、疲弊した経済を再建するのは容易ではなく、この国は経済援助をしてくれるEU諸国やアメリカに向けて、常に政治的意思をパフォーマンスし、したたかに生き延びる術を模索した。人口の七割がイスラム教徒でカトリックは一割にも満たないのに、国の玄関口をインドの貧者救済に一生を捧げたアルバニア系シスターの名を冠して「マザー・テレサ空港」と名付けたこと。二〇〇三年イラク戦争への派兵。そして二〇〇六年のウイグル人亡命者受け入れである。

グアンタナモのウイグル人が政治亡命してくることが決まると、アルバニアでは国民の中から政府の外交政策に対して、「大国に厄介者を押し付けられた」と抗議の声が上がり、さらに中国政府からは「テロリストを中国に送還せよ」と催促が来た。それでなくとも対中関係は良好とは言い難かったが、今回の件でさらに「こじれた」ことは間違いない。アメリカでウイグル人付きの弁護士であったサビン・ウォレットは、アルバニア国民の困惑と中国政府の動きを予測していた。彼は仕事をすべてキャンセルして、彼らが到着した二日後に急遽アルバニアを訪れ、政府関係者やメディアと精力的に会見し、状況を説明して回った。ウイグル人はどういう人たちで、どのような政治的背景に置かれているか。中国に送還されたらどうなるかをテレビ番組にも出演して説いた。この反響は大きく、「中国に送還してしまえ」との意見は国民から聞かれなくなった。

中国政府は何度も政治的圧力をかけたが、到着直後の二〇〇六年五月九日にムスタファイ外相（当時）が「送還は考えていない」と公表したのをはじめ、アルバニアは三度、以下の理由から公式に要求を退けた。

「アルバニアが五人を受け入れた理由は二つあり、一つはアメリカの裁判で何も罪を犯していないと証明されており、我々はこの判決を尊重していること。二つめは無罪なのに四年半も不当な扱いをされた可哀想な人たちで、人道面で手を差し伸べる必要があること。政治亡命の権利を与えるのは自由を重んじる国として当然だし、アルバニアの亡命者受け入れは国際法に基づいた措置であること。したがって、中国政府が彼らをテロリストだと言い張るならば、その証拠を提示しなくてはならない」

筆者がアルバニアを訪問した際、窓口となってくれたのは、ウイグル人亡命者のために同国政府が専属で付けた老齢のアルバニア人漢語通訳、エンワルであった。彼は文革期に北京へ留学したという。ちなみに五人のうち、アブルバクルは日常生活に問題ない漢語能力があるが、残り四人はウイグル語しか話さず、ほとんど漢語を解さない。伝達事項がある場合、アブルバクルが他の者への通訳をしている。エンワルは難民キャンプの専用車で、ホテルのロビーまで筆者を迎えに来てくれた。ホテルから十五分ほど南西に走ると、彼らの暮らす難民キャンプに到着する。頑丈そうな大門は警官が警備をし、施設の周囲には有刺鉄線が張り巡らされ、簡単に部外者は侵入できないようになっていた。部外者がキャンプに入るには、許可が必要だ。所長のアリ（当時）は若い男性で、到着後、キャンプを案内してくれた。

ここは昔は軍事基地で、一九八九年から難民施設として使われはじめ、現在は国連と国の補助金で運営されている。広い中庭を取り囲むように宿舎や共同のシャワールームやトイレ、食堂などが並び、裏手には菜園が広がっていた。建物群はまるで七〇年代、日本の田舎にあった小学校のような造りで、どの建物も新しくはないものの、掃除が行き届いて清潔だ。普通食事は決められた時間内に食堂でとる。外出先で食事をしたり自炊をすると高くつくので、皆この給食サービスを利用している。夏と冬には被服費が支給され、僅かながら月々小遣いも給付される。取材時にキャンプに暮らしていたのは、子供を含めて約四十名。ネパール、インド、トルコ、コソボ出身の政治亡命者や難民もいれば、不法滞在で入所してきた若い二名の漢人もいた。外出は自由だが、ウイグル人の場合、安全のために必ず行き先を報告し、帰ってきたときも報告する。訪問する先々の地域警察が、身辺警護をしてくれるという。

なぜアフガンにいたのか?

キャンプ内の彼らの住居を訪れ、インタビューを行った。五人は以下の通り。

アフメット・アディル(一九七四年生まれ)とアフダル・カスム(七四年生まれ)は共に行商人で、小学校を卒業するかしないかの子供の時分から、生活のために働いていた。最年少のアユップ・ハジ・マメット(八四年生まれ)は高校卒業後、十七歳で外国に出たくて家を飛び出した、世間知らずの少年だった。家具職人だったアブルバクル・カスム(六九年生まれ)と商人だったアディル・アブドゥルヘキム(七四年生まれ)はいずれも中学校卒。この二人は、一九九七年イリ事件に関わったとして、不当な政治投獄を経験している。

この事件をアブルバクルは、「ウイグル人の民衆が、政治や宗教や社会の自由を要求した平和的なデモを、中国共産党は民族分裂主義分子や過激な宗教派閥がおこした反政府暴動だと決めつけ、大勢の若者が投獄され、警察の拷問によって殺害された」と証言する。

二〇〇一年米軍に拘束されたとき、アブルバクルが三十代前半、アユップが十代後半、残り三人が二十代後半だった。アユップ以外は既婚で、アフメットには二人、アフダルには一人、アブルバクルとアディルには三人の子供がいる。

最初に五人が口にしたのは、アルバニアへの感謝だった。「私達のことがテレビで紹介されてからは、繁華街を歩くと見ず知らずの人が『生活は問題ないか』『もうアルバニアには慣れたか』と声をかけてくれます。政府は『身の安全は心配しないでよい。責任を持って守る』と約束してくれました。中国大使館の者が突然アポなしでキャンプにきて面会を求めた時も、中に入れませんでした」

筆者は次に、アフガニスタンに滞在するに至った経緯を、個々に訊ねた。

アフメット・アディルの場合

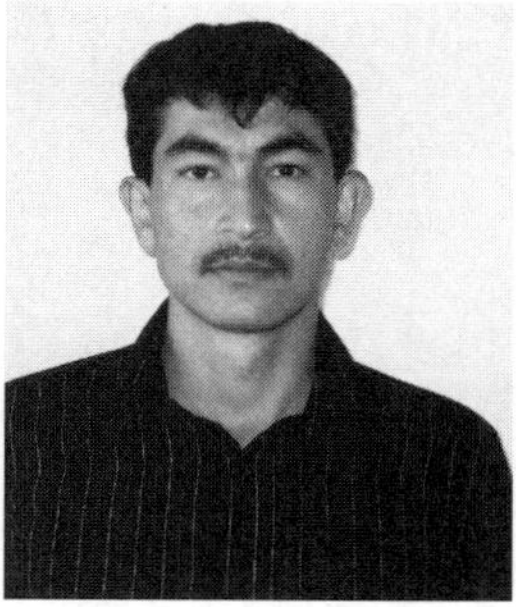

カシュガルの農家に生まれ、物心ついた頃には、小商いをしていた。彼は「新疆では、いくらウイグル人が頑張っても、決して漢人と平等の機会は与えられない。人が人を弾圧しない社会に逃れていくことをいつも夢見ていた」「いずれはトルコで商売したかった」という。

行商でこつこつ貯めた金で、少し大きな商売をしたいと、パスポートを取得してカザフスタンに越境し、一年ほどアルマトイで小商いをしたけれどうまくいかず、パキスタンなら利益があがるかも知れないとイスラマバードに行ってみた。ところがイスラマバードはアルマトイより貧しく、商売も難しく、一年滞在したけれど「ここにいても前途はないと感じた」。どうしたものかと悩んでいた時、国境貿易をしている商人から「新疆ではいま中国の公安警察が、パキスタンから戻ったウイグル人を『東トルキスタンの独立をめざすイスラム過激派で、パキスタンを拠点に軍事教練をしているグループに所属していたのではないか』と疑い、帰国後もずっと尾行・監視している」と聞いた。故郷には戻らない方が身のためだが、所持金は尽きているし、頼る先がない。その商人は、「アフガニスタンのジャララバード近郊、トラボラ山の辺りに、ウイグル人が集住する村があるらしい。その人たちなら助けてくれるかもしれない」とも話していた。

パキスタンやアフガニスタンの国境では、地元民と同じような風体をしていると自由に往来できる。藁にもすがる思いで、商人の言う「アフガニスタンのウイグル人村」を国境を越えて尋ねていくと、そこは「村」というよりも、掘っ立て小屋が並ぶスラムのような場所だった。うち捨てられた家をなんとか住めるように修理し、一番マシな建物をモスクに作り替えて、ようやく共同体としての体裁を作った感じのその「村」で、空爆が始まるまで約二ヶ月生活した。

アフダル・カスムの場合

グルジャ（イリ）で、労働者の親の下に生まれた。子供の頃から親を助けて働いていた。長い間、正規の職には就けず、アルバイトで生計を立て、中国を離れる四〜五年前から小商いを

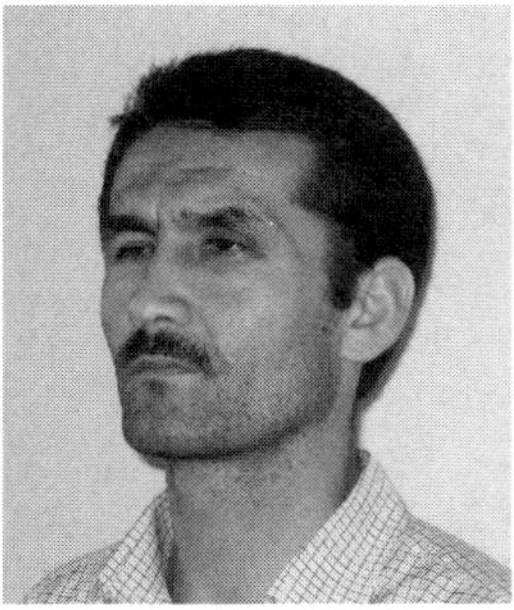

始めた。最初は服を扱い、節約して貯めた金で小さな果樹園を買い取って、果物を売るようになった。この商売が少し軌道に乗ったので、二〇〇一年にキルギスのビシュケクにあるウイグル人商人ばかりが出店するバザールで商いをはじめた。ところが、キルギスの警官は腐敗していて、勝手に商人を捕まえてはワイロを要求し、渡さないと「罪をでっちあげて中国に送還する」と脅された。外国で商売をしたら生活が楽になると思ったのに、利益は警察に巻き上げられた。一文無しになる前にこの地を離れて、旧ソ連圏ではなくイスラム教の国であるパキスタンで商売しようとイスラマバードに行ったが、「ここもマトモに商売できる土地ではなかった」。所持金が尽きて頭を抱えていたところ、アフガニスタンにウイグル人の村があると聞いて、「誰かが私を助けてくれるかもしれない」と訪ねていった。村には約五ヶ月、滞在した。

アユップ・ハジ・マメットの場合

カシュガルの比較的裕福な商人の家に生まれた。

新疆ではウイグル人が高等教育機関に進学するチャンスは少なく、大学を出てもなかなか就職が見つからない。高校卒業と同時に、国外で勉強をする道を探ろうと、キルギスのビシュケクに住む父の知人宅に一ヶ月あまり滞在したものの、旧ソ連圏はさして中国と変わらなく思えた。「もっと自由な国に留学したい。アメリカとか……」と家に電話をかけて父を困らせた。それでも父は息子の将来を考え、パキスタンにいる金持ちの貿易商の友人に「どこか資本主義の先進国に息子を留学させられないだろうか」と相談し、「その

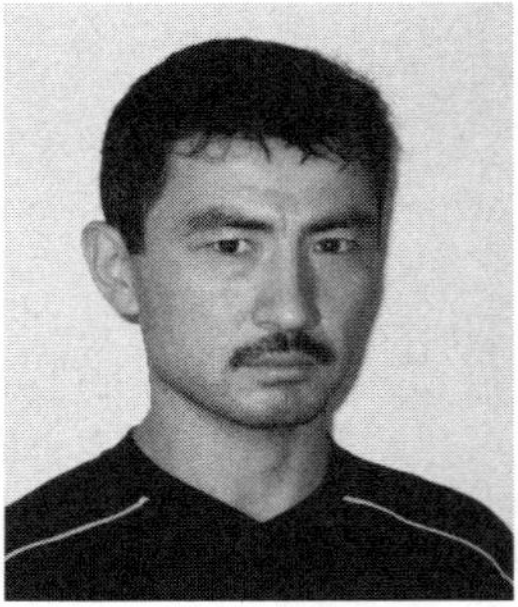

人が手伝ってくれるから、パキスタンに行ってごらん」と、息子に電話を入れた。

パキスタン入国後、父の友人は「手続きには時間が掛かる。その間メドレスで勉強しなさい」と、彼をイスラム宗教学校の宿舎に預けたが、イスラムの勉強をしたくない彼は、その地でできた友人のアリーとともに「アフガニスタンに遊びに行ってみよう」と宿舎を抜け出した。ちょうど九・一一テロが起こった時期だったが、それを全く知らずに……。

アフガニスタンに入って数日もたたず、空爆が始まった。誰と誰が戦争をしているのかさえ分らなかったという。ある日の朝、借りていた部屋から「ちょっと外出する」と出掛けたアリーは、一日経っても数日待っても戻ってこなかった。さすがに「これはまずい。兎に角、パキスタンに戻ろう」と一人でパキスタンに向けて出発したが、途中でタリバン兵士なのか誰なの

かわからない五人組の強盗に襲われ、所持品すべてを奪われ、ボコボコに殴られケガを負った。国境近くで一人のアフガン人が、青アザをつくった惨めな恰好の少年を不憫に思ったのか、食事と宿を提供してくれた。親切にしてくれた人の言葉さえ全く分らず、彼はただ「東トルキスタン」と言い続けた。

空爆が始まって五日目、あるアフガン人が身振り手振りで「山に東トルキスタンの人たちがいるから、連れて行ってあげよう。トラックに乗りなさい」と迎えに来た。本当はパキスタンに戻りたかったけど、国境を越えて街に戻るには、交通費も通行費もいる。現金や換金できる物は何もなかった。仕方なく、ウイグル人のいるところに行けば、誰かが助けてくれるだろうと、連れて行ってもらうことにした。滞在していた村を途中通り過ぎたら、そこはすっかり燃えて灰になっていた。ウイグル人の村に到着すると、そこも爆撃を受けて瓦礫の山と化していた。「戦争が始まったアフガニスタンを離れ、これからパキスタン領に向かう」という同胞と合流し、一緒に行動することにした。

——欧米各国で暮らすウイグル人亡命者たちを取材して、気付いたことがある。国を逃れた政治亡命者は、大抵、国連難民高等弁務官事務所に駆け込んで申請し、受け入れ国をさがすのだが、経済難民が各地で助けを求めるのは、国連機関ではなくイスラム教のネットワークであった。イスラム世界では、豊かな者は貧しい者に施しをするのが社会習慣となっているからだ。我々日本人の常識では、「なぜ政情不安定で危険なアフガニスタンなどに入国するのだ？」と考えるが、五人は「イスラム神学生が創った国なら、きっと誰かが助けてくれるに違いないと思った」という。

欧州各国は、何らかの情報や技術を持つ者や、非人道的に扱われた証拠となる拷問傷があるような元政治犯を「戦略的」に受け入れている。例えば、アメリカのウイグル人亡命者は高学歴者ばかりだし、北ヨーロッパは元政治家、元軍人、元警官、元芸術家など多彩な人材を揃えていた。欧米とは大きく様相が異なるのがトルコである。トルコはグアンタナモからの亡命こそ受け入れなかったが、過去を振り返ると、他国に比べて遥かに多くの亡命者を受け入れてきたし、それにもまして大勢の経済難民が「申請」さえせず勝手に流入してくる。

亡命者たちの言によると「トルコ人は、中国の西北をテュルク民族発祥の地と考えており、最もウイグル人の境遇に同情してくれる」という。トルコは、ウイグル人亡命者や難民にとって、どこより暮らしやすい国であることは間違いない。だから、生活に困窮して新疆を離れた難民は、密入国やビザなしで、極端なケースではパスポートも所持せず、各国を放浪した果てにトルコにやってくる。彼らの中には、基礎的な教育さえ受けておらず、字を書けない難民もおり、トルコの古くからのウイグル人コミュニティさえこうした経済難民をどう生活させていくか、頭を抱えている。

同じウイグル人とはいえ、一九五〇年代中国共産党政権成立直後にトルコにやってきた政治亡命者と二十一世紀の経済難民では、あまりよい譬えではないが、在日三世と脱北者ほど「常識」に差がある。トルコ政府は生命に関わる問題ゆえに追い返すわけにもいかず、かといって数が多すぎるため国として充分な経済援助をすることもできず、この問題に苦慮しており、筆者はこれについてはトルコ政府に同情を禁じ得ない。トルコの篤志家やイスラムの扶助組織、ウイグル人同胞組織などが難民援助をしているが、中国新疆に於ける雇用機会の不均等、民族間の極端な不平等が解消されない限り、「新疆」を捨てトルコをめざす難民は今後も増え続けるだろう。

一九九六年の「上海ファイブ」設立（二〇〇一年六月「上海協力機構」に拡大）によって、中央アジア諸国では、ウイグル人難民や政治亡命者が中国から密入国してくると、有無を言わせず強制送還するようになった。大統領が「ハーン（王様）」の如く強権を保持し、長期にわたって政権を握る国が少なくない中央アジアでは、政権側が野党や反政府勢力を「テロリスト」「イスラム過激派」呼ばわりして弾圧する事例が往々にして見受けられる。政権党が権力維持のために民主化や独立運動を恐れる点では、中国と中央アジア諸国は状況が一致する。

危険を冒して出国し、いずれは自由で豊かなトルコや欧州に行けることを夢見て、ユーラシアを彷徨うウイグル人越境者たち。「新天地」に行くことも、中央アジアに留まることもできない者は、パスポートやビザの管理が厳格ではなく、身を寄せるのが最も容易《たやす》いアフガニスタンに吹き溜まった。経済難民であったアフダルとアフメット。「モラトリアム少年」だったアユップ。次に述べるアブルバクルとアディルは、経済難民ではなく中国の政治的弾圧によって中央アジアに脱出した、亡命者であった。

アブルバクル・カスムの場合

一九六九年グルジャ（イリ）で生まれた。八五年に中学を卒業すると、家庭の経済的事情で進学を断念し、皮革家具工場で働きだしたが、一九九〇年国営工場民営化で勤務先が倒産し失業した。それからは企業に再就職できず、内陸（注：新疆以外の土地）と故郷を往復しながら腕時計を商った。

アブルバクルは九八年六月、当局に「イリ事件に関与していたのではないか。イスラム過激派ではないか」と疑われ投獄された。しかしながら彼は、九七年のデモにさえ参加していなかった。「九六年頃から、ムスリムとして道徳的に正しい人間であらんと呼びかけるイスラム教の団体に共鳴し、礼拝やラマザンを欠かさず行っていたため目を付けられたのだろう」。約七ヶ月間にわたって伊寧市警察局の刑務所に不当拘束され、三キロから二十キログラムまでの手枷足枷をはめられ、電気棒での拷問や、自白の強要をされた。

獄から出ると、ロシア製の腕時計を扱った時に知り合ったキルギス人商人を頼って、二〇〇〇年一月に出国した。「これ以上グルジャに留まっていたら、また投獄され殺されるかも知れないと思った」。ビシュケクでの商売は順調とはいかず、警官のカツアゲに閉口した。多くのウイグル人が住んでいて送還される危険が少なく、皮革産業も有名なトルコに行きたいとの思いが募り、パキスタンからイラン、そしてトルコへ渡る計画をたてた。

パキスタンのイラン大使館にビザを申請したところ、館員に書類の不備を指摘され、なかなか査証は下りなかった。パキスタンに滞在できる期間は短く、このままでは不法滞在になる。ビザ給付は拒否されたわけではないので、結果が出るまでアフガニスタンに出ようと考えた。

アフガンのウイグル村には、宗教活動を理由に投獄され監獄から逃げてきた人、政治運動をして処刑を言い渡された人、経済的にやっていけなくて逃げてきた人など、様々なウイグル人がいて、皆、「漢人支配下の新疆は嫌だ。東トルキスタンの独立のため何かをしたい」と考えていた。彼らは無用なトラブルを避けるため、つまり中国に送還される要因を作らぬよう、普段から、アフガニスタンの人たちとあまり往来せず、クルアー

ンを学習しながら自給自足で生活していた。以前の暮らしぶりについてはよく知らないけれど、山で暮らすようになる前は農村に住んでいたと聞いた。アフガニスタンの首都カーブルには、一九三〇年代や五〇年代に東トルキスタンから移住してきたウイグル人が集住する地域があるが、行ったことはない。彼らの住んでいたジャララバードは、新参者ばかりだった。

ビザの結果を待っている間だけ滞在し、パキスタンに戻る予定が、知らない間に空爆が始まり、こういう結果になってしまった。

アディル・アブドゥルヘキムの場合

七四年グルジャ（イリ）に生まれた。「アディル」とはウイグル語で「公平」という意味だ。父は学校の先生で、母は建築会社勤務だった。七人家族で兄弟が多かったため、経済的理由で進学を断念し、中学卒業とともに商売を始めた。グルジャのタシュラップキェで小さな店を開き、その後イェンギ・ハヤット市場で店を持ったが、商売はなかなか容易ではなかった。

九七年二月六日「イリ事件」発生二日目、デモに参加し、武装警察に逮捕された。投獄されて五日間は、酷寒期なのに布団も暖房もなく、数日間にわたって何も食べ物を与えられず、連日ひどい拷問や尋問を受けた。警官は拘束者を棍棒で殴り殺したり、警察犬に嚙み殺させたり、水を浴びせて凍死させたりした。温厚な人柄の彼は、常々漢人とウイグル人との社会的格差は感じていたものの、政治に関心がある方ではなかったし、ましてや漢人を敵視することなどなかったが、「監獄で行われた残虐行為をまのあたりにし、漢人や中国共産党の残虐さに震え上がり、中国への絶望を感じた」という。

幸い約一週間後に釈放されたが、数日ごとに警察がやってきて、「何処に行って誰に会ったか」「誰が何を話していたか」と尋問された。そして二度も刑務所に連れ戻されて、拷問を伴う自白を強要された。五ヶ月後の九七年七月に約十八日間、そして一年三ヶ月後の九八年五月に三十六日間、「民族分裂主義活動をやっているのでは」と疑われて再投獄された。ちなみにアディルの妻の兄は、デモを呼びかけたリーダーの一人、アブドゥミジットで、後に銃殺刑となっている。

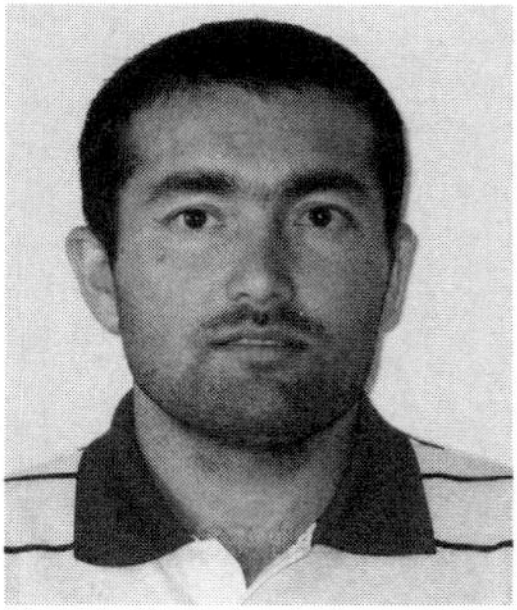

アブドゥミジットの実弟は、九七年のデモの後に五年の刑が確定し、出所後も二年刑期が追加され、さらに二年延長されて、現在でも監獄の中だ。

「イリ事件で捕まった多くの若者たちは、自分が犯していない罪を『話したら釈放する』と騙され、無理矢理、虚偽の『自白』をさせられて、拷問に耐えられず調書にサインし、処刑されて死んでいった。監獄に入ったり出たりしているうちに、いずれ彼らは私を無期にするか、何らかの形で殺害するだろうと、確信するようになった」

九九年十月、密かにパスポートを取得し、その翌月、商用を口実にキルギスへ出国した。そしてウイグル人ばかりが出店しているビシュケクのトールバザールで商売しながら二年間暮らしたけれど、警察官に様々な理由で金を巻き上げられた。バザールで知り合ったアブルバクルと、「ここにいても破綻するか、中国に送還されるかだ。ウイグル人に対する態度が旧ソ連圏より良く、仕事を見つけられそうなトルコに行こう」と誓った。

「無知だった私は、パキスタンやイランを『イスラム教を国教とする素晴らしい国』のように思い込んでいました。『理想の国』を見学しながらトルコに行きたかったのです」

ビシュケクからカラチへ飛行機で移動し、カラチからイラン領事館があるイスラマバードへ入った。領事館で初めて、パキスタン国籍でない者がビザを申請する場合、パキスタン在住の保証人が必要で、保証書の作成は煩雑で時間が掛かると知った。そうこうしているうちに二十日間が過ぎた。オーバー・ステイで中国へ送還されたら、銃殺されるかも知れない。イスラマバード在住のウイグル人の知人に保証人手続きをしてもらい、その間、いったんアフガニスタンに出国することにした。知人は、アフガニスタン在住のウイグル人に連絡をとってくれた。

イスラマバードからペシャワールまで行き、そこでトラックに乗り換えてアフガンに入った。国境警察の検問はなかった。途中で小型バスに乗り換え、ジャララバードへ。停車場では、現地の人のような服を着て、ヒゲを生やしたウイグル人が出迎えてくれた。その人の家に一晩泊まって、翌日ウイグル人が集住する山に連れて行かれた。想像を絶する環境で、午前中は早朝から家屋を建て直す作業を手伝い、午後は勉強したり農作業をしたりして過ごした。新疆ではムスリムがイスラムの教えを学ぶことさえ難しく、アディルはアフガニスタンに来て初めて、古参の者からクルアーンの読み方を習った。

パキスタンからビザが下りたとの知らせは、ずっと来なかった。

アフガンからグアンタナモへ

アメリカがアフガニスタンへの空爆を始めると、人々は散り散りバラバラになって山中を逃げ回り、洞穴などに息を潜めて隠れ、爆撃が止むのを待った。彼らを含めウイグル人三十四人が住んでいた集落でも、ある日の深夜、突然攻撃された。集落のウイグル人は、九・一一同時多発テロや米軍のアフガン攻撃はラジオを通じて知っていたが、まさか村を爆撃してくるとは思わなかったという。「我々はアルカイダと関係なかったし、『アメリカの敵』でもなかったから」。だが、ビンラディンが潜んでいたのは、彼らの集落があったトラボラの山中だった。

空爆を避けられる安全な逃げ場などどこにもない。やっと爆撃が止んで住人が集まると、十六人が行方不明で、一人が遺体となって発見され、一人が骨折していた。「十六人は死んだのか、どこかへ逃れていったのか、いまもってわからない」。残された十七人は、「この地で生き残るのは不可能だ。パキスタン領に入ったら安全かも知れない」と、山越えを決意した。出発直前に、地元のアフガン人が連れてきたアユップ少年が合流し、二日間、雪の降る厳しい山道を徒歩で越えた。

パキスタン領に入ると、ある部族の人たちが同情し、村に迎え入れ、羊や牛を潰してもてなしてくれた。二日目の夜、つまり二〇〇一年十二月三日の晩、村人に連れて行かれた街のモスクにはアラブ人も礼拝に来ていて、訝しく思った。まもなくパキスタン警官がやってきて、ウイグル人のみならず、その場にいた者たちを「安全な場所に移送する」と、半ば強制的に車に乗せた。連れて行かれた先は、監獄だった。

まずパキスタン警察が、数日たって米軍関係者が再度、それぞれ拘束者を尋問した。パキスタン人の看守がこっそりと「地元民はおまえ達を、アフガンから来たテロリストだと言って、米軍に一人につき五千ドルで売ったのだ」と教えてくれた。

尋問されても十八人は、中国新疆出身のウイグル人とは答えず、アフガニスタンのウズベク族だと言った。中国に送還されたくなかったからだ。九〇年代にパキスタンは、中国から政治的理由で逃亡してきたウイグル人を強制送還しており、ウイグル人は中国側に引き渡されて間もなく銃殺された。彼らは「中国で銃殺されるより、米軍に拘束された方がマシだと考えた」という。

約十五日後、拘束者たちは手足を縛られ目隠しをされ、米軍機に乗せられて、アフガニスタン・カンダハルの米軍が管理する収容所に移送された。この時、アユップは従順でなく態度が悪いと米兵から殴られている。

二日後からまた尋問が始まった。既に身柄は米軍の手中にあると知って、初めて、アフガニスタンに来た経緯や目的を問う兵士に「自分たちはアフガンのウズベク族ではなく中国新疆出身のウイグル人で、様々な事情から故郷を捨てて来ざるを得なかった者たちだ。だから、私たちがアメリカを敵にして闘う理由はどこにも無い」と明かした。

米軍関係者の中には、「不審者を拘束した目的は、アルカイダに属するアラブ系テロリストを一網打尽にするためだ。あなたたちは不適切な時期に、間違った場所に滞在していた。運が悪かったのだ。中国には戻さず政治亡命させるから、しばらく待ってほしい」「パキスタン側が君たちをテロリストだと言って、米軍に売った。我々はそれを調べなくてはならない。体験を何度聞かれても、どうかその都度、正直に丁寧にめげずに真実を答えてくれ。いずれ手続きを経て、法の下で自由になるから、諦めるな」と同情と理解を示してくれる者もいた。

この頃、アフガニスタンに滞在していたイスラム系の外国人が、続々と拘束されて収容所に入ってきた。

当時はまさに戦闘が行われていた最中だったから、収容所の待遇は最悪で、一枚の服を四ヶ月も替えられず、食事は満足に与えられない上に、水もろくに使えなかった。身体どころか髪も洗えず髭も剃れず、ムスリムが礼拝で身体を清めるために必要な水さえなく、虫が湧いて不衛生極まりなかった。四ヶ月が経って、やっと十日に一回ぐらい身体が洗えるようになった。

グアンタナモ基地

六ヶ月の後に、「全員をキューバにある米軍グアンタナモ基地に移送する」との命令が下り、二、三日に一度のペースで二十人ずつに分けられて移送された。米軍の支給した服に着替え、手枷足枷、目隠しや耳栓、さらに猿ぐつわまでされて、真っ黒な袋を頭から被せられ軍用機に押し込まれた。途中で一度、目隠し状態のまま飛行機を乗り換えたため、周囲が見えず身体をあちこちにぶつけて負傷する者が出た。きつく拘束されて、丸一日身動きできなかったから、手足が腫れあがった。二〇〇二年六月八日、カンダハルから約二十四時間を要してグアンタナモ基地に到着した。

基地内の収容所は、とても人間が住むような場所ではなかった。巨大なスペースをA区B区C区と割り振り、それらの真ん中に米兵が行き来する通路が設えられ、その「廊下」を挟んで左右に、動物園にある猛獣を飼育するような、二メートル四方の鉄格子の檻が、双方二十四個ずつ整然と置かれていた。収容者は一人につき一つの檻に入れられ、寝るのもトイレもその中で、食事は外から穴越しに渡された。二日に一回程度、檻から出て風呂に入ることを許されたが、手足が縛られた状態でのシャワーで、洗える時間は僅か五分間だった。収容者同士互いに顔が見え、話は出来るが、「鳥か犬になったような気分だった」「世界で民主主義や人権を訴えるアメリカが、なぜこんな待遇をするのか納得できなかった」

当初ウイグル人は、近くの檻に纏めて収容されるのではなく、一人をアラブ人の、一人をアフガン人の、一人をペルシャ人の隣にとそれぞれバラバラに配置されたため、グアンタナモに着いて四ヶ月間は全く母語を話せなかった。周囲に暮らす者同士、互いに言葉が分からず皆がストレスを溜めていた。なにせ約六十ヶ国、二十数種の民族がいて、生活習慣も異なる。それらの人々が同じ基地内で暮らすのは、容易ではなかったのだ。収容者は最も多いときで八百人。現在でも三百七十五人が基地に収監されたままである。

基地到着後まもなく、また新たに取り調べが始まった。オレンジ色の服を着せられ、手足を拘束された状態で檻から出て、専用の部屋に行く。尋問の内容は、アフガンに来た理由、アフガンで何をしていたか等々で、到着当初は頻繁に呼び出された。一人につき二十回は取り調べられた。尋問が一通り済むと、同じ民族が近くに集められて生活できるようになった。グアンタナモには、パキスタンで一緒に捕まった十八人以外にあと四人のウイグル人がいて、一人はパキスタン領で、三人はアフガニスタン領で、別個に米軍に拘束された。

グアンタナモ基地に収容されてから五〜六ヶ月後（二〇〇二年十二月頃?）、中国の国家安全部門に携わる公安警察が訪ねてきた。公安はウイグル語ができる三人の漢人、漢語を解する二人のウイグル人の計五人だった。アメリカの許可を得て、中国公安は二十二人を「どこの出身の何者なのか」取り調べたが、「公安は中国の監獄でやるのと同じように、頭や首を乱暴に摑んで顔写真を撮影したり、机を叩いて大声で問い質したりして、米兵が驚いていました」。公安は「おまえ達テロリストを中国に連れて帰って、国内で裁く」と言ったが、全員が「やってもいない罪を着せられ、銃殺されるに決まっている。絶対帰らない」と米軍に訴えた。中国で政治投獄を経験しているアブルバクルとアディルは、「グアンタナモは中国の監獄に比べたらマシでした。なにせ、中国の監獄では週に一度すら肉は口にできないのに、グアンタナモは毎食、肉が食べられたのだから」と苦笑いした。

アメリカ軍の取り調べが大体一息つくと、日頃の生活態度が良好で、かつ、さしたる罪を犯していないと判断された者たちは、「檻」に比べて少し条件が良い監房に移された。アブルバクルとアディルとアフメットは基地収容から約十ヶ月後に、アフダルは約二年後に、第四監獄に移った。十メートル四方の部屋に、七人のウイグル人が一緒に生活した（注：同室だった残り三人は、まだグアンタナモにいる）。

グアンタナモで最も悲惨な目に遇ったのは、アユップだった。社会経験のない少年だった彼は、四年の長きにわたって「動物の檻」で暮らし、重いノイローゼになった。アユップは特異体質で食物アレルギーを持っていたのに、食べられる物がない時も特別食を用意してもらえず、日に日にやつれ、やせ細った。後で食べようと残しておいた林檎について咎められたり、林檎の芯で脱走用のカギを作るのではないかと疑われたり、そんなことが重なって米兵と口論になって、独房に約一ヶ月間閉じ込められた。アルバニアに於ける筆者とのインタビューの場でも、彼は冷静に自らの経験を語ることができず、感情的になったり涙を浮かべたりし、心の傷が癒えていないようだった。寂しさを紛らわすためか、拾ってきた子猫を飼っていたのも印象的だった。

基地に連れてこられて二年後、グアンタナモの収容者全員が、アメリカ政府から「告知書」を渡された。「ここにいる者たちは、当面はアメリカの敵で、戦犯である。ただし、まもなく開廷される軍事裁判で、無罪が証明された者は釈放となり、証明できなかった者は戦犯として罰を受ける」との内容だった。グアンタナモはアメリカ合衆国の法が適用されない「誰の土地でもない場所」だから、軍事裁判の結果には控訴する権利がない。収容者は「捕虜」でも「戦争犯罪者」でもなく、「敵戦闘員」として遇されており、裁判に弁護士はつけられなかった。

二〇〇四年十一月に軍事裁判が始まり、ウイグル人二十二人もそれぞれ法廷に連れ出された。裁判の前に「容疑」が書かれた文書が各人に配られ、最も多い者には二十種類の、最も少ない者は二種類の「容疑」が記されていた。事実でないならば、それをどう晴らすかが裁判で問われた。全員に「タリバンに組していた」との疑いがかけられており、具体的証拠を出してそれを否定しなくてはならなかった。強い反米意識を持つアルカイダグループと同じ思想を持っているか、宗教についても尋問された。

二〇〇五年一月頃、裁判が終わった。その一～二ヶ月後から、ウイグル人十七名に次々と文書で判決が通達された。それらには「敵の兵士の疑いがある」と記されていたという。同年五月九日、長く裁判結果が通知されなかった残る五人が米兵に呼び出され、口頭で「あなた達は、合衆国政府やアメリカ人に敵対感をもっておらず、危険人物にはあたらない。無罪と認める」と通達された。

「ウイグル人二十二人のうち、十八人は同じ場所で同じ生活をしていました。なのに何故、判決に違いがあるのですか？　無罪判決が出なかった十七人は、誰一人としてアメリカに銃を向けてはいないのに」と詰め寄ると、「その質問には答えられない。裁判所が出した判断だ」と繰り返すばかりだった。

無罪判決を受けた五人の共通項は、アフガニスタンに入国して暮らしていた日にちが比較的浅いことだった。

この時、ウイグル人五人とウズベク人、サウジ出身のウイグル人、アルジェリア人、エジプト人各一人の計九人が無罪となった。判決後、九人は条件のよい別の施設に移されたものの、それから一年間も基地内に留め置かれた。「精神面から言えば、前の三年間より後の一年間の方がきつかった」と五人は口を揃える。

「無罪なのに監獄に入れられたままで外に出してもらえない。中国ならまだしも自由の国アメリカで、どうしてこんな扱いをされるのか、理解できませんでした」

「亡命を希望したのはトルコでした。ウイグル人とトルコ人は同じテュルク系民族で、遠い『親戚』ですから。トルコが受け入れを拒否したと知ったとき、『もうどこも受け入れてくれる国はないだろう』『死ぬまで監獄で生活するのか』と、精神不安定になりました」

アルバニアへの政治亡命

二〇〇五年七月、五人のもとに、ボストンの法律事務所に所属する弁護士のサビン・ウォレットが訪ねて来た。軍事裁判の前に弁護士を紹介して欲しいと言い続けたが、叶わなかったこともあり、「今更、弁護士はいりません」と言うと、「これからこそ、あなた方に必要なのだ」と説かれた。サビンは、「無罪判決が出ているのに手錠足枷を掛けられて暮らすなんて、どの法律にも違反している。アメリカでの居住も許さず、第三国への政治亡命もできないというのは人権蹂躙だ。いまやグアンタナモに於ける収容者の扱いは、全世界が問題視している。そもそも米軍は、司法手続きをせず人を拘束し、捕虜扱いさえしなかった。国を訴え不正を糾したい」と持ちかけた。「法律が分かるあなたの考えに従います」とサビンに一任し、イリ事件に関連して中国で不当投獄を経験したアディルとアブルバクルの名で、裁判を起こすことにした。

最初の裁判では、「国は無罪と確定した収容者を速やかに釈放するべきだ」との判決を下したものの、裁判所は「政府にそれを強制する権限はない」と結論づけた。サビンはそれに納得せず、再度、中級裁判所に控訴した。連邦地裁は、次回のアメリカ本土での裁判では、ウイグル人二人がグアンタナモ収容所を離れて出廷することを認める方向で審理していた。つまりこの裁判では、グアンタナモ収容者が基地を離れて米国の法治下で裁判を受ける、初めての事例となるはずだった。これに先立ち、世界ウイグル会議をはじめ各国のウイグル人亡命者組織、世界各地の人権団体、アメリカの知識人や社会運動家たちが、政府の対応を批判する意見書を公表したり、アフメットが二〇〇六年一月、半年を経過しても基地に拘束されたままの状態に業を煮やし、「アメリカは、永久に私たちを収監しておくつもりなのでしょうか？」とライス国務長官に手紙を書いたりして、米国内の世論作りをしていった。アメリカでは、政府の立場を擁護する者と収容者に同情を示す者の間で、議論が高まっていた。そして五月八日に、報道機関が中継できる公開裁判として、開廷されることが決まった。

ところが五月初頭、突然、ウイグル人五人は政府関係者に呼び出され、「アルバニアが無罪判決を受けた計九人のうち八人の政治亡命を受け入れると決めたので、五月五日に軍用機で送る」と通達された（注：残り一人のサウジ出身者は国に帰ることができた）。「裁判はどうなるのですか？」と訊ねると、「裁判の目的も基地からの釈放だ。法廷に行く必要はない。すぐ釈放するのだから」との返答だった。彼らは、アルバニアがどこにあるのかさえ知らなかったが、「とにかく基地から出られるならば、どういう形であれ嬉しかった」

飛行機に搭乗する前、相変わらず手錠足枷をされたため、その対応から五人は「本当にアルバニアに向かっているのか。到着地は北京ではないかと、不安でならなかった」という。グアンタナモからアルバニアまで十三時間。途中給油やトランジットはなかった。ティラナに降り立ったのは真夜中で、外は暗く、一体どこの国か分らなかったが、「空港にいる制服のアルバニア人を見て、ここは中国ではないと安堵しました」。深夜、米軍は、アルバニア政府の関係者に八人を引き渡した。

軍からも政府からも一言の通知もなかったから、彼らがアルバニアに連れて行かれたと弁護士が知ったのは、ティラナ到着のニュースが流れてからだった。裁判は中止となり、サビンは急いでティラナ行きの航空券を購入した。

アルバニア政府や国連の関係者、サビンと世界ウイグル会議代表がティラナで集い、今後の彼らの処遇について話し合った。弁護士の奔走によって、月に五十ユーロの生活費がアルバニア政府から支払われるようになった。ただ、とてもその額では市内で自活して生活はできない。食費や生活費のかからないキャンプから離れることはできないのだ。アルバニアの人口は約三百万人。その内の百万人が隣国イタリアなど海外に出稼ぎに行っており、百万人は失業者だ。アルバニア人の月収は多くとも三百ドルにしかならないのに、市内で部屋を借りると最低二百ドルはする。彼らがこの国で職を見つけ、自立して生活するのは、今後も容易ではないだろう。

二〇〇七年六月十日、G8の閉幕後に欧州を歴訪していたブッシュは、アメリカ大統領として初めてアルバニアを訪問し、再度、グアンタナモ収容者で母国に帰れない三十数人（十七人のウイグル人を含む）の政治亡命受け入れを要請したが、アルバニア政府はそれを拒否したと、現地では伝えられている。また、訪問団は「政治亡命者のために、アメリカ政府は充分な生活支援金をアルバニア政府に与えたのに、それに見合う生活をさせていない」との不満を漏したとも伝えられている。

アルカイダのテロリストか？

中国政府は二〇〇二年以降、グアンタナモのウイグル人について、「彼らはETIM（東トルキスタン・イスラム運動）のメンバーで、テロリストの疑いがある。ETIMはビンラディン率いるアルカイダから経済的支援を得て、武力で祖国分裂を目論むウイグル人のイスラム原理主義団体だ」と一貫して主張し、それを根拠に中国への引き渡しを要求し続けている。

二〇〇二年八月八日、中国国営放送CCTVが放送した番組『東突（注：東トルキスタンの意）恐怖勢力罪行紀実』では、様々な事件の実行犯と目され逮捕されたウイグル人が登場し、その中にETIMについて述べたと思われる逸話も登場する。こうした中国政府の主張を受けて、二〇〇二年八月二十六日、北京を訪問していたアメリカのアーミテージ国務副長官（当時）は、「ETIMを国際テロ組織のリストに入れる」と発表し、同年九月に国連がテロ組織として認定した。

しかしながら、アメリカの自由アジア放送・ウイグル語セクションによると、二〇〇二年六月、同局のインタビューを受けたETIMリーダーとされるハサン・マフスムは、「アルカイダ組織とは関係なく、援助も受けていない。我々の活動目的は、東トルキスタンの解放と独立だ」と語っている。

ハサン・マフスムは、東トルキスタン独立運動に従事する兵士を養成するため、アフガニスタン及びパキスタンの山岳地帯で軍事教練を行なっていたが、二〇〇三年十月二日、パキスタン国軍によって同志七名と共に射殺された。同年十二月十五日に中国公安部は、『『東トルキスタン』テロ組織とテロリスト名簿」を国内外に公布した。これによると、リーダーが死亡して壊滅状態のはずのETIMが、テロ組織の筆頭に指定され、また、「学生運動リーダーで、武装闘争とは無縁だった」とウイグル人活動家の誰もが認めるドルクン・エイサが、テロリストとして指名されている。先のテレビ番組にせよ、「名簿」にせよ、矛盾点が少なくなく、中国政府はウイグル人独立運動組織の全容を把握していないことが窺える。

中国の主張する「テロとの戦い」に、本家本元のアメリカが疑問を呈するようになったのは、二〇〇四年頃からである。同年八月、パウエル国務長官（当時）は「（グアンタナモのウイグル人は）もはやアメリカの脅威ではない」と、人権問題担当のローン・クレーナー国務次官補（当時）も「彼らはテロリストとは断定できない」と主張し、釈放を考えている旨を明らかにした。また、ライス国務長官は二〇〇五年三月訪中直前に、政治犯として長く投獄されていたウイグル人女性ラビア・カーディルをアメリカに亡命させている。

現在、アメリカは、ウイグル人政治亡命者に最も「理解」を示す国の一つとなり、ラビア・カーディルがリーダーを務める世界ウイグル会議と在米ウイグル人協会、及び自由アジア放送のウイグル語セクションは、経済支援を含めてアメリカ政府からの厚い支持を得ていることからも、二〇〇二年から〇四年までの二年間で、アメリカ政府の新疆や亡命ウイグル人等に対する認識が、「劇的」に変化したことがわかる。二〇〇六年五月、グアンタナモ基地からウイグル人五人がアルバニアに到着した直後、中国外交部の劉建超報道局長は「彼らは難民ではなくテロ容疑者だ」と主張し、中国に引き渡さなかったアメリカを「反テロ政策に二重基準を設けている」と非難した。

所謂「無差別テロ」と、東トルキスタン独立のため蜂起しようとした一九九〇年「バレン郷事件」や平和的なデモが契機となった一九九七年「イリ事件」などを、中国政府は等しく「テロである」と定義づけており、上述の「名簿」では、中国政府は十一名のウイグル人をテロリストと指名しているが、すでに死亡したハサン・マフスムを除く十名のうち、筆者の知る限り三名がドイツに、一名がノルウェーに、二名がトルコに、一名がアフリカに居住権・永住権や国籍を得て生活している。つまり、欧州各国は中国の「テロとの戦い」を認めてはいないのだ。

新疆に於けるウイグル人のすべての反政府闘争が、中国政府の公式見解の如くテロリズムに相当するのか、筆者は大いに疑問を抱いているが、この章ではこれ以上の言及を留保したい。なぜなら、この問題を提起するには、中国政府の公式発表のみならず、「治安維持」を行なう現場の警察や、実行者側（つまりウイグル人側）やその地の生活者の証言など、様々な立場の言い分や、さらに文献資料を詳細に検証する必要があると思われるからだ。

筆者は、グアンタナモに残る十七名についてはまだインタビューを行なっておらず、「東トルキスタン独立のために武装闘争を志した者もいたか」や「アルカイダと関係ある者がいたか」について、現時点で筆者には確認できていないことを断わった上で、アルバニアに亡命した五人に限っては、彼ら自身が「商売に失敗した行商人、少年、そして政治犯に見なされた者と新疆社会の底辺層にいた人々であり、テロリストでもなければ、東トルキスタン独立運動に邁進するような志は持っていなかった」と主張し、アメリカ政府をはじめ、世界ウイグル会議などの亡命者組織もその主張を認めている旨を、この章では伝えるまでとしよう。

第六章

政治犯として獄中にある東大院生
——トフティ・テュニヤズ

トフティへの重刑判決は
東大にも衝撃を与えた

日本に留学していたウイグル人歴史研究者が、中国の政治犯として逮捕され、新疆の監獄で今も服役している（二〇〇七年現在）。彼の妻と子供たちは、刑期満了となる二〇〇九年二月を日本で待ちわびている。

一九九六年四月から東京大学大学院人文社会系研究科博士後期課程に在学していたトフティ・テュニヤズは、博士論文「十九、二十世紀中国における少数民族政策史」執筆に必要な文献資料を閲覧するために、九八年一月中国へ一時帰国し、翌月新疆ウイグル自治区の区都ウルムチにある公文書館に通った。公文書館に勤務する知人の夫婦と食事をした翌朝の二月六日、突如滞在先のホテルに、ウルムチ市国家安全庁所轄の公安警察が六、七人で現れ、「お前の言動には問題があるので手荷物を検査する」と言って、部屋に入ってきた。目隠しをされて、数日間はあちこちのホテルを転々と連れ回され、その間に公安は没収した物品を証拠として拘束手続きをした。

同年四月、正式な逮捕令状が下り、同年十一月、ウルムチ市中級法院に起訴され、九九年三月には懲役十一年、政治権利剥奪二年の判決が言い渡された。罪状は「国家分裂扇動罪」「国家秘密不正取得罪」であった。トフティはただちに上告したが、二〇〇〇年二月に新疆ウイグル自治区高級人民法院は一審判決を覆すことなく、中国は二審制であるためこれで刑が確定し、現在はウルムチ市第三監獄で服役している。

〇七年七月上旬、筆者は取材のため、トフティの妻ラビアと待ち合わせた。あまり体調がすぐれない様子の彼女に理由を問うと、その日が筋腫の手術後、はじめての外出だったと言う。「切除した腫瘍は、九年間貯めたストレスと同じくらい大きかった」「逮捕から今日まで、あまりに長い歳月が経ってしまった。日々の現実に追われて夫の顔さえ忘れてしまいそうで、それではは彼がかわいそうだから、壁の目立つ所に写真を貼って、いつでも眺められるようにしている」と、寂しそうにわらった。

本章では、トフティの妻ラビアへのインタビューを中心に、「トフティ事件」について紹介する。

エリート官僚から歴史研究者へ

トフティ・テュニヤズは、一九五九年十月一日、中国新疆ウイグル自治区カシュガルで生まれ、バイ県で育った。漢語名は「托和提」。「トフティ・ムザルト」というペンネームを使用することもあった。

七八年、北京の中央民族学院（現在の中央民族大学）歴史学科に入学し、八二年卒業とともに、全国人民代表大会（注：日本の国会にあたる）の下部組織で、少数民族在住地域の法治や自治法に関する調査研究を行なう「民族委員会・法制弁公室」に配属された。エリートとして出世の道が約束された人事だった。

新疆のウイグル人政治家の漢語通訳兼助手として、中国各地の視察に同行した。一年の半分以上が出張で、家にはほとんどいなかったという。また、勤務先の指示で、北京在住の著名なウイグル人政治家サイプディン・エズィズィの秘書も務め、高齢のサイプディンの赴く場所に「付き人」として同行し、サイプディンから絶大な信頼を得ていた。サイプディンは漢語が流暢だったが人前で決して漢語を使わず、漢人との会話はいつもウイグル語でとおし、トフティに通訳させたという。

日本に来るきっかけとなったのは、人民大会堂で開かれたある会議に参加したとき、招聘客の一人であった日本在住の台湾人女性が、トフティのスピーチに感銘を受けて「民族政策の研究をするなら、アイヌや台湾問題を専門とする知人の学者たちを紹介するから、留学してみませんか？」と、台湾客家《ハッカ》の立教大学教授（当時）・戴国煇に引き合わせてくれたのだった。妻は最初、留学には反対だった。「『新疆ウイグル自治区の官僚になって故郷を発展させたい』と語っていた彼の夢が遠くなるのでは、と思った」

妻を説き伏せ、彼は留学の道を選んだ。学問好きで、好奇心旺盛な人だった。日本語学習教材を買って来て独学を始め、勤務先に長期休暇を申し出たが、全人代はなかなか許可せず、サイプディンの口利きで「必ず帰国して現職に復帰すること。家族は北京に残ること」を条件に、煩雑な手続きを経て、やっと出国が許された。

九〇年に立教大学の奨学金を得、任期一年間の奨励研究員となって東京で暮らし、ウイグル史を専門とする日本の研究者たちと交流するようになる。「日本には中国人民大会堂の図書館などとは比べものにならないほど、膨大なウイグル民族に関する史料がある」と知り、興奮した。

八ヶ月後帰国して、「留学期間を延長したい」と勤務先に懇願した。立教大学の研究員期限が切れると、九一年から九三年までの二年間、財団法人東洋文庫の外国人研究員となり、その書庫にあるウイグル関連文献を読みあさった。さらに研究を続けるうちに、「日本以外の国の史料状況も知りたい」との思いが募り、九三年に研究助成金を得ると、一年近くかけてサウジ、エジプト、トルコなど世界を回って、各国のアーカイブスでウイグルの歴史に関する史料を閲覧した。

九四年、日本留学期間を終えて北京に戻って、元の職場である「民族委員会」に復帰したが、学問への情熱は冷めず、新疆をよくするには官僚や政治家になる以外にも他の道があると考えるようになる。将来の出世と生活の安定を約束された職場を辞して、再び日本で学問を続ける決意を固めた。

九五年東京大学大学院研究生となり、九六年四月には同大学の博士課程に入学し、イスラム史を専門とする教授の下で歴史学の博士号取得をめざした。

九五年九月、これまでの日本留学での研究成果を『維吾爾歴史文化研究（ウイグルの歴史文化研究）』（民族出版社）と題して北京で出版した。母語であるウイグル語ではなく漢語を使って本を記したのは、中華人民共和国の約九割という圧倒的多数の人口を占める漢民族に、もっとウイグル民族について知って欲しかったからだという。「夫は、ウイグル人と漢人とが互いの文化や歴史を理解せず、流血と対立を繰り返してきたことに心を痛めていた。将来は『ウイグル通史』を書きたいと、一年ずつ目標を立てていた」

九七年初頭、トフティには日本でも書籍を出版するプランが持ち上がった。以前の指導教官であった戴国煇の台湾研究書や、日本の少数民族アイヌに関する研究書を出版している草風館から、あまり堅い学術書の形態ではなく、新疆について知識のない日本人にも読んでもらえるような内容の本を発行しようと編集者と話し合った。書籍名は『シルクロードの舞台裏』など、幾つかの「仮の題」が候補に挙がった。

それから間もなく同年二月十三日、トフティは交通事故に遭い、足を複雑骨折する大怪我を負った。入院とリハビリで約半年を費やし、長く松葉杖の生活を余儀なくされた。狭い路地で後ろから追突され、意識を失ったために加害者を目にすることはなかった。七月にトフティの母が病逝し、まだ完全に癒えてない身体を押して帰国して、葬儀を行なった。九月には妻が第二子（長女）を出産し、先の出版計画は宙に浮いたままであった。九八年一月十五日、新疆の公文書館で史料収集をするために、東京を発って中国に一時帰国した。まさかこのあと、自身がスパイ容疑と東トルキスタン独立運動画策容疑で逮捕されるとは知らずに……。

妻、ラビア・トフティが語る出会いから逮捕まで

トフティの妻ラビアは、一九六三年アクスで娘五人、男二人のうちの四女として生まれ、兄弟姉妹の中でただ一人、漢人の学校に通った。当時、アクスで漢人学校に通うウイグル人は珍しく、家族の中で漢語を流暢に操るのもラビアだけだ。他の姉妹と違った道を歩んだラビアを、父は何かにつけて心配したという。

小学校時代、身体が丈夫ではなく貧血で何度か倒れた。体調を心配した担任の先生は、毎日のように自転車の後ろに彼女を乗せて、自宅まで送り届けた。四川省訛りの普通話（漢語共通語）を話す、優しい漢人の女の先生だった。

大学受験では自治区内の英文科を志望したのに、国の方針で北京の中央民族学院・中国言語文学科に「分配」された。統一試験で漢語の成績が「少数民族」にしては良好だったからだ。八一年九月、アクスの田舎からたった一人で九日間もかけて、北京にやって来た。

これまでラビアは家族と離れて生活したことがなく、母の作った料理しか食べてなかったから、全寮制の集団生活と不衛生でまずい学食になかなか慣れなかった。食事が喉を通らなくなり、ビスケットをかじって餓えを凌いだ。クラスメートは漢人か漢化した少数民族でウイグル人はおらず、ホームシックになった。授業に付いて行くのも大変だった。現代文学ならまだしも、孔子や漢詩などの古文は難解な上に興味が湧かず、ウイグル民族文学専攻にコース変更を願い出たが、「定員に空きがない」と断られた。

それでも彼女は、巡り会う人に恵まれていた。大学の女の講師（漢人）は、いつも合格点ギリギリしか試験の成績をとれなかった彼女を自宅に呼んで、補講をしてくれた。トフティと出会ったのも大学時代だ。「あるウイグル人の誕生パーティで、人混みを避けて座っていた私に『元気ないねぇ。どうした？』と声を掛けてきた男性が夫だった」。新疆に帰りたいと、弱音を吐いた。面倒見の良いトフティは、職場の食堂からアルミの弁当箱におかずを詰めて、「学食よりマシだろう？」と大学まで持ってきてくれ、週末はウイグル料理を食べに、遠いところにあるレストランまで連れて行ってくれた。

遠慮無くわがままを言える兄のような人と、大学を卒業した翌月、八五年八月に二十一歳で結婚した。結婚してからは、「ラビア・トフティ」と名乗ることにした（注：通常ウイグル人の名は、自分の名前＋父の名である）。結婚して四年後、ちょうど第二次天安門事件が発生した八九年六月に、待望の男の子が生まれた。

夫が日本に留学してからも北京に暮らし、短期滞在ビザでたまに夫を訪ねて来日していたが、九七年八月、第二子の出産を前に、一家は日本で生活することにした。

九八年一月十五日、「三週間だけ留守番しててね」と、夫は妻に生活費を渡して一時帰国した。それより前に、新疆の公文書館関係者と史料閲覧について、国際電話で連絡を取っているのを聞いていたから、「また、いつもの史料探しだ」と認識していた。

「夫は北京では法制弁公室に勤務し、弁護士資格も所持していたから、政治の敏感な部分には充分慎重だったはず。だからこそ、政治犯容疑で逮捕され、この日を最後に現在まで会えない年月が続くなど、夢にも思わなかった」

拘束された日の前日（二月五日）、夫から国際電話がかかってきた。「二月十九日には日本に戻るから」。その日、沢山の料理を作って、帰りを待った。これまで一度も約束を破ったことのない人が、帰ってこなかった。

夫を捜しに

海外に出たら三日に一度は連絡をしてくるマメな人が、一本の電話も掛けてこないのはどう考えても異常だった。実は気がかりな事もあった。過去に義父が、「家に公安警察が時折やってきては、おまえについて色々と詮索していく。息子よ、何をやっているんだ?」と、国際電話を掛けてきたのだ。

一週間経ち二週間経ち、家賃や電気水道代の請求が来たが、日本では何もかも夫まかせだったので、どう支払うのかさえ分らなかった。夫の日本人の友が連絡をくれても、当時のラビアは日本語が話せず、状況を説明できなかった。困り果てて、夫の身元保証人に電話をかけ、片言の日本語で窮状を訴えた。

帰宅予定だった日から一ヶ月が経過すると、妻は止むに止まれず乳飲み子を抱えて、夫を捜しに中国へ帰った。幼子二人を抱えては身動きできないので、小学生の息子は近所のおばさん(日本人)に預かってもらった。

北京の自宅の鍵を開けて、息を飲んだ。綺麗に片づけていたはずの部屋は、まるでゴミ処理場の様だった。あらゆる物が引きずり出されて、下着までが散乱している。複数の食器の中に、山のような煙草の吸い殻が放置されていた。子供の玩具のトランシーバー、カメラ、大量の本、箪笥預金や身分証明書、戸籍簿の類まで無くなっていた。

夫の元の勤務先に夫の所在を訊ねたが「知らない」という。すぐさまウルムチに飛んで、自治区の外事弁公室に勤務する知人に「テレビ局の人捜しのコーナーに出て、夫の消息を呼びかけたい」と相談すると、その人は言い難そうに「その前に安全庁に行った方がいい」と呟いた。

ラビアは姉と弟と親戚の四人で、ウルムチの市街地から遠い所にある自治区の国家安全庁まで訪ねていった。受付では名乗ってもいないのに、向こうから「ラビアは誰だ？」と聞かれ、「その瞬間、夫はここに拘束されていると分った」。三人の公安警察が奥から出てきて「トフティは我が国の法を破ったため拘束された」と言った時、堪えていた感情が爆発した。「どんな法を破ったというのですか？　中国の法には、公民を逮捕したら二十四時間以内に家族に連絡をするという決まりがあるのに、なぜ義父にも私にも連絡しなかったのですか？　早く夫に会わせて下さい。私にはいま生活費も旅費もない。自宅や夫から没収した通帳や現金やキャッシュカードを返して」と怒ると、「金なら親戚に借りたらどうだ」と嘯かれた。「今から思えば愚かな話だけど、私は『誤認逮捕に違いない』と自信満々で、公安警察に強気で刃向かった。彼らはそんな私を嘲笑った」

訪ねてきたラビアにも公安は尋問した。「日本か、トルコか、ドイツか、アメリカか。トフティはどういう組織のために働いているのか？」。要するに、スパイ容疑をかけられていたのだ。尋問部屋の机の上には、トフティと親しかった日本人研究者たちの名刺や手紙が積み上げられていた。同一人物の名刺や手紙が複数あり、それらを所持していた人々の家まで行って、没収したらしい。新疆と繋がりのある外国人が誰とどういう交流をしているのかを、公安は徹底的に調べ上げていた。

どうしたらよいか分らなかった。日本に置いてきた息子も心配だった。ラビアは乳飲み子をアクスの実家に預けていったん日本に戻り、今後について、トフティの指導教官や身元保証人に相談することにした。公安から「マスコミや人権団体に知らせて騒動にしたら夫に不利になる。妻はおとなしくしていろ」と警告されたので、拘束について日本で人に知られないよう用心した。「この時期、私も東大の先生方も夫の知人達も、トフティは常日頃、反政府的な言動はしていなかったから、『きっと何かの間違いに違いない。そのうちに釈放されるだろう』とタカをくくっていた」

同年八月、再び中国に戻り、公安の指示を受け、起訴にむけて弁護士をさがした。「子どもへの積み立て分だけでも預金を返して欲しい」「夫へ差し入れをしたい」等々の要求も、今後は弁護士を通じてするようにと命じられた。そして公安は、所謂「官選弁護士」として、新疆大学の弁護士事務所に所属する漢人弁護士を指定してきた。契約手続き時、拘束理由欄に「反革命罪の疑い」と記すよう弁護士に指示され、「いまだに新疆は文化大革命が終わっていないのだと、思い知らされた」。漢人弁護士を通じて辛うじて拘置所の夫と連絡がつくようになると、夫は「ウイグル人弁護士もつけて欲しい」という。「反革命罪」容疑者の弁護を請け負ってくれるウイグル人弁護士は、そう簡単には見つからない。友人知人はトフティの拘束を知ると、一切連絡してこなくなった。頼れる先は親族だけだ。故郷のアクスで、ラビアは親戚に頭を下げてお金を借り、ウイグル人弁護士を探した。

年が明けて九九年一月、またラビアはウルムチを訪れた。拘束が長引き、いつまでたっても裁判が開かれないのを心配して、様子を見に来たのだ。日中間を往復するのは、夫の拘束から数えて三回目になった。国家安全庁の公安警察に呼ばれて、相変わらず毎日尋問を受けた。「どんな人物と交際や連絡をしていたか、活動資金をどこから得ていたか、生活費はどうやって得ていたか」と問われ続けた。「中国公安関係者は日本にも沢山いて、何かあったら我々の影響力は、日本でも行使できる」とおどされた。

日本に帰って約一月後、「明日、中級法院で裁判が開かれる」と弁護士から連絡があった。ラビアの姉が夜行バスでアクスからウルムチに向い、なんとか裁判の時間に間に合ったが、「非公開裁判」で親族は法廷には入れなかった。裁判所から護送車に乗せられるとき、チラッとトフティを見ることができた。弁護士は「この裁判でトフティは手錠足枷姿だった」と告げた。「刑事犯でも法廷では手錠だけなのに」とラビアは悲しみを隠せない。裁判結果は予想を遥かに上回る重刑だった。

苦難の日々

九九年三月の中級法院が下した重刑判決は、トフティが在籍した東京大学にも衝撃を与えた。トフティの指導教官・佐藤次高教授（当時）ら東京大学教員は、新疆ウイグル自治区高級人民法院などに宛てて、有罪判決を憂慮する書簡を数回にわたって送付するとともに、駐日中国大使館を訪ねて、東大総長蓮實重彦（当時）の書簡を提出し、トフティの早期復学を希望する旨を伝えた。

同年八月には佐藤教授らがウルムチを訪問し、自治区政府外事弁公室に東京大学の見解を伝え、トフティとの面会を求めたが実現はしなかった。

妻ラビアも同時期にウルムチに行き、安全庁を訪ねて夫の状況を訊ねたが、「トフティが罪を認めなくても妻が罪を認めれば、刑期を軽くできると持ちかけられた」という。北京の自宅に帰ると、五分後に大勢の公安が家を訪ねてきて、今後の予定を聞き、北京の空港では理由無く拘束された。「中国に帰るのが恐しくなった。私まで捕まったら幼い子どもが路頭に迷う。この年以降、私は帰国していない」

二〇〇〇年二月に高級人民法院で一審を支持する判決が下ると、翌三月、東大教授らは国連人権委員会に訴えを送付。「恣意的拘禁に関する作業部会」が訴えを受け入れ、世界人権宣言に違反する行為だと中国政府に善処を求める勧告をした。これを受けて、アムネスティ・インターナショナルは、トフティを「良心の囚人」と認定し、早期釈放を求めて呼びかけ活動を開始した。

また、その後、東大は大学規定を変えて、トフティが釈放され復学するまでの「無期限・休学更新措置」を採った。東京大学の教授たちは、毎年ウルムチを訪問し続けている。「私たちは彼を忘れてはいないのだ」と中国に伝え、彼の置かれている状況を悪化させないため、たとえトフティに会えなくとも訪問し続けるという。

二〇〇〇年には、トフティの身元保証人が、ラビアの長男とともに北京を訪れ、ラビアが実家に預けていた長女を北京で引き取り、日本に連れて帰った。

二〇〇二年八月トフティの長男は、生き別れて四年半ぶりに、父との面会を許された。日本語で会話をしたという。投獄されてから長男が面会を許されたのは、たったこの一回だけである。

ラビアが直面した困難は、夫の十一年にわたる投獄だけではなかった。日本滞在ビザの延長問題と、日々の糧を得るための経済問題が、彼女を苦しめ続けた。

最初は留学していた夫の「家族滞在ビザ」を所持していたが、夫の逮捕でそれが失効した。東京大学が彼女を「外国人研究生」の資格で、三年間受け入れてくれたので、ビザを得ることができたけれど、生活は困窮した。

中国に帰るのは恐い。でも物価の高い東京で食べていくのも苦しい。ある日、ボランティアでウイグル人留学生の世話をしていた「日本シルクロード倶楽部」（注：同団体は中国当局の圧力により既に解散している）の専務理事白石洋二から、電話がかかってきた。「いつまでも大学にいてもダメだよ。食べていくことが先決だ」と、職場を斡旋してくれた。「安定して生活していける」と喜んだものの、朝早く夜遅い日本企業に勤務しながら、女手一つで幼い子供たちを育てるのは想像以上に大変だった。そもそもラビアは、大学を卒業するとすぐに結婚をしたから、中国でも働いたことがなかった。帰りの遅い母を待って、二人の幼子が冬の寒い日も、夏の暑い日も、駅で手を繋いで泣きながら待ってるのだ。「私は自分自身の事で、精神的にいっぱいいっぱいだった。『お母さんも辛いのに。恥ずかしいから駅で待たないで』と辛く当たった。子供に手を挙げたこともある。鬱病と診断されて、心療内科にも通った」

「店なら子供を見られるのではないか」と、白石らが資金を集めてくれてウイグル料理店を開いたが、客商売に慣れないラビアに経営は難しかった。利益の少ない店の経営ではビザの更新も非常に難しく、「入管に行くたび、私は泣いて帰ってきた」。入管から、口頭ではなく文書で現在置かれている状況や、夫についての説明を求められるたび、東大の先生方の手を煩わせた。閉店を決めたとき「いっそ難民申請をしようかと思った」

「出国待機」のハンコがパスポートに押され、途方に暮れていた時、ある義侠心に富んだ企業の会長が、残業は極力免除するという好条件で、雇ってくれた。労働ビザと安定した収入を得て、今のラビアは生活面も精神面も安定している。

トフティは何を罪に問われたのか

トフティが懲役十一年を科せられた罪とは、どのようなものだったのか。

「国家分裂扇動罪」は、この場合、新疆ウイグル自治区を中国から分離し、ウイグル人などテュルク系の民族を主体とする独立国家を建設すべく、扇動した行為をさしているようだ。法廷はその根拠として、トフティには日本で『シルクロードの真相』と題する書籍を出版する計画があり、トフティの北京の自宅で押収した本の第三章にあたる原稿「静かなる暴動」には、史実を歪曲して中国共産党や中華人民共和国政府を攻撃し、中華民族の大団結を破壊する内容が含まれていたとする。しかし、根拠とされた原稿の閲覧を弁護士は許可されず、トフティは「それは民族委員会に勤務していた時期に、勤務先に頼まれて外国語文献を翻訳したノートである」と主張している。そもそも問題とされる書籍は、逮捕された時点で出版されていないから「扇動」行為はまだ行なわれていない。

「国家秘密不正取得罪」については、中級法院では「境外人員のために国家機密を不正取得した罪」が適用されたが、高級法院では「境外人員のために」の部分が削除された。境外組織とトフティとの繋がりを証明する、確固たる根拠が出てこなかったからであろう。具体的な罪に問われたのは、自治区の公文書館に於いて半世紀以上前の「新疆三区革命」に関する文献資料目録を不正にコピーして得たことだ。

文書ではなく目録のコピーが国家機密と位置づけられるなら、この公文書館の未公開資料を大量に使用して記された漢人の研究者王柯さんによる学術研究成果『東トルキスタン共和国研究』（一九九五年、東京大学出版会）も、中国政府は国家機密不正取得の結果とみなすのだろうか。少数民族と漢民族との間の「差別」ではなかろうか。

筆者は、国家安全庁によるトフティ拘束はいわゆる「別件逮捕」であり、真の「罪」や目的は別にあったと考えている。トフティが拘束されたのは「九七年イリ事件」の一年後で、ちょうど国内外で、ウイグル人を中心とする東トルキスタン独立運動が活発化した時期であった。トルコや中央アジアなど世界各地に出掛けていって、ウイグル史に関する史料収集をしていたトフティは、自身が組織と共に行動することはなかったにせよ、各国の亡命者やその組織について、何らかの情報を摑んでいたはずだ。当時の中国政府は現在とは違って、それらの詳細な情報をもっておらず、トフティを拘束することによって海外ウイグル人情報を入手しようとしたのかも知れない。

トフティは、上司であったサイプディンに、海外で入手したサイプディンの父親の写真をプレゼントしたことがあるという。サイプディンは革命のごたごたで父の写真は一枚も持っていなかったから、涙を流してトフティに感謝し、喜んだと伝え聞く。トフティは歴史研究のため、サイプディンが若い頃に記した手帳の類を預かっていたが、北京の家宅捜索後、「特徴ある独特の字体で記されたサイプディンの手帳がいくら捜しても見つからない」と妻は嘆いた。国外在住の亡命者と、著名なウイグル人政治家の長老を結びつける役割をしかねない人物であると、当局はトフティにかねがね注意していたと思われる。サイプディンは九七年八月頃から老人性痴呆が進み始めたという。サイプディンの影響力が失われた直後にトフティは拘束された。

トフティ事件の影響

「トフティ事件」を最初に報道したのは朝日新聞社の雑誌『AERA』で、二〇〇二年二月清水勝彦記者が、「『冤罪』留学生を救え　中国ウイグル人の人権」と題する記事を書いている。次いで同年九月に、共同通信社で北京特派員も務めた西倉一喜記者が、「『新開国考』第三十七回・帰らない大学院生　獄中から無実の叫び」との記事を配信した。事件発生からメディアが公表するまで四年間もかかったのは、「騒ぎ立てたら、彼に不利益をもたらすかもしれない」

と、支援者一同が考えたからだ。西倉の記事にもあるとおり、妻のラビアは「もっと早く日本社会に訴えるべきだった」と後悔した。

「アメリカ政府はラビア・カーディル救援アクションを起こした。カナダのマッケイ外相は、カナダへ亡命したウイグル人のフセイン・ジェリルが、〇六年に妻の母国であるウズベキスタンで拘束され、中国に送還されて「政治犯」として投獄された時、案件解決のために北京まで赴いた。日本国政府は自国民の拉致問題にさえ、ずっと冷淡だった。一留学生であった夫のことなど、(日本国は)中国政府に働きかけてはくれないだろう」と溜息をつく。

トフティ・テュニヤズやラビア・カーディル(第一章参照)のような政府の高級官僚であっても、「国家分裂主義分子」の疑いをかけられたら容赦ない重刑が科せられる。たとえ直接的に運動に荷担していなくとも、運動に近い人物と接触するだけでも重刑が科せられるのだとウイグル人に認識させたという点で、これらの逮捕劇は「みせしめ」としての効果は絶大だった。九〇年代後半以降、ウイグル人は、ほんの些細な事でも疑心暗鬼になり、互いを信じなくなった。

〇七年三月末ラビア・トフティは、在米ウイグル人協会の主催する婦人会に参加した。彼女と同じように、夫や子供が政治犯として新疆の監獄にいる人々と、苦しみを分かち合いたかったからだ。

「でも、アメリカで、私は少し孤独だった」とラビアは俯いた。

「〇六年から中国が行なうようになったウイグル人児童への一斉漢語教育について、アメリカのウイグル人たちは、『漢語教育徹底排除』を叫んでいた。私が『言葉に罪はない。NOではなく、学ぶも学ばないも自由にした方がいい』と発言すると、『民族のことを大事に思っていない』と批判された。少数民族が、マジョリティの中で、自民族について理解を求めるのは、大変な困難を伴う。国外やインターネットの中の安全圏で好きなことを言うのとはわけが違う。夫、トフティは、漢人の中に入って行って漢人とも理解し合いたいと思っていた人だった。私は夫を誇りに思っている」

実は、在日ウイグル人社会でも、世界各国の亡命ウイグル人社会でも、他の政治犯に比べて共産党員で政府官僚だったトフティへの同情は薄い。漢語を流暢に操り、漢人社会に精通するウイグル人は、ウイグル人社会の中では「第二の民族」と蔑まれる。

トフティは、日本語で「大丈夫、大丈夫。問題ない」が口癖だった。漢民族の中に、彼を守ってくれる人がいなかったのが、筆者は残念でならない。

おわりに

ウイグル人の亡命者や移民を欧米や中央アジア、アラビア半島などに訪ね歩くようになって、すでに一年半になる。

ウイグル人亡命者への聞き取り調査の際、時おり遭遇したのは、外見が漢人と変わらず、漢語を解する筆者への「懐疑の目」だった。漢人と間違えられ、刺すような憎悪の視線を感じることも、ままあった。しかし筆者が日本人と知ると、途端にフレンドリーな態度になる。そのたびに複雑な気持ちになったものだ。

中国の近現代史や日中関係を専門とする筆者が、専門外の「新疆の民族問題」に興味を抱くようになったのは、北京留学時代の「魏公村通い」が原点だ。

筆者が北京で暮らし始めた一九九八年秋頃の魏公村は、ウイグル人が集住する特異な地域で、ナンや干葡萄など彼らが欠かせない食材を売る店舗や、ウイグル料理店が軒を並べ、店舗の裏手には彼らの住む安アパートが広がっていた。留学先で学生宿舎のあった中国人民大学からほど近く、中国国家図書館からも歩いてさしたる距離ではない魏公村に、筆者は毎日のように通っていた。夕飯にウイグル料理を食べ、翌朝のためにナンとヨーグルトを購入するのが日課だった。

治安の良い街ではなかった。ヘロインやハッシッシなど麻薬覚醒剤売買の温床で、街の公衆便所には使い捨ての注射器が捨てられ、頬が窪んで虚ろな目をした中毒者をよく見かけた。公安のガサ入れで、手錠を掛けられたウイグル人を見かけることもあった。地元北京出身の漢族の友人に、「危ないからあの街には行くな」と幾度も注意を受けた。北京人にとってそこは、所謂「不可触地域」であったのだ。それでも筆者は「その街」に入り浸った。NATOの中国大使館誤爆事件の後に、大学で吹き荒れた外国人排斥運動や、中国人からしょっちゅう吹っ掛けられた日中戦争を巡る論争に、心底疲れ果てていたから、「ひどい外国人への報復と、自らの正義」を求める者たちの餌食になることがないその街に、筆者は居心地の良さを感じていた。

一九九九年中国建国五〇周年記念式典が開かれる頃、北京では新疆独立を主張するウイグル人によるテロの噂が絶えなかった。公安は、式典の行なわれる会場周辺の建物から人々を「避難」させ、特別訓練した警察犬を大動員して、前日から一日かけて徹底的に爆破物がないか調べまわった。大都市にウイグル人を集住させておく「リスク」を解除するためであろうか、魏公村は一九九九年頃から再開発の名目で取り壊しが始まった。北京以外の大都市、上海や広州でも、ウイグル人街の取り壊しは行なわれた。北京の二大ウイグル人街だった甘家口と魏公村は、現在では巨大な百貨店やマンションが立ち並び、筆者が通っていた頃の面影は残っていない。

今筆者は、ウイグル問題を日本社会に伝える難しさを、ひしひしと嚙みしめている。

これまで筆者のレポートに関しては、「保守派」「愛国者」を自認する方々から特に強い関心を示していただいた。ただ気になっているのは、この問題が「敵の敵は友」的な発想から「中国を叩くための材料」として扱われる事も少なくないことである。

例えばこの問題に関心を抱いて、ネット上で「ウイグル人を救え」といったアクションを起こそうとする若い人達には、民族問題の政治・歴史的な背景を理解するより先に、「単純な話」に飛びついて「正義」を主張しようとする姿勢が感じられる。例えば、「日本のメディア、特に進歩的と言われる媒体は、ウイグルの民族問題を報じない」、それは「日中記者交換協定のせいだ」との説がネット界では定着しているようだ。しかし九七年のイリ事件などについて多くの記事を書いてきたのは「進歩的」だとされる『朝日新聞』の清水勝彦記者だし、イリ事件勃発から間もなく、ウイグルの民族問題について質の高い論考を掲載した雑誌は、岩波書店『世界』だった。さらにトフティ事件の詳細を報道したのは共同通信の西倉一喜記者であり、ウイグル人亡命者が集住するトルコ・カイセリの村を、二〇〇三年一月「ユーラシア・文明の活断層をゆく」と題して日本で最初に報道したのは、NHKの秦正純プロデューサーだった(注：秦氏は二〇〇二年十月に取材先のパキスタンで交通事故死。その後新疆を訪ねる予定だった)。自分たちの内輪の中で流通する「情報」によって「事実」を裁断するかのような現象は、まるで中国の「反日団体」に所属する憤青たちがよりどころとしている「日本知識」と、現実の日本とのギャップを彷彿とさせる感がある。

残念なことに、こうした「情報」と「事実」の間の乖離現象は、中国を専門とする学者の世界にも散見される。

ウイグル人の独立運動のような、現在進行形の事象を分析する場合、活字文献やインターネット上で浮遊する「情報」だけでは決して実態には近づけない。少なくともその「情報」の出所を突き止めるフィールドワークは欠かせないはずだが、それをせずに簡単に入手できるデータだけで分析しようとするお手軽な「研究」も少なくない。例えば、活動の実態がまるでない「東トルキスタン亡命政府」への過度の思い入れと期待が込められた論考が、複数の学者たちによって学術雑誌に発表されてきた一方、亡命者から強く支持されている「世界ウイグル会議」について記した論考が、これまで筆者の知る限り一本もなかったことがその一例だ。確かに、内部に英語や日本語につうじた者がいる「東トルキスタン亡命政府」は、ウイグル語を解さない日本の中国学者にとって、文献の引用の面から「取り上げやすい」対象であったことは容易に推測できるのだが、一方、中央アジアや新疆の歴史を専門とし、ウイグル語にも堪能な研究者たちによる論考はその分析が冷静かつ的確であるにもかかわらず、学術的すぎて「面白みにかける」からなのか、「日本の憤青」や「民族主義者」たちによって注目・言及されることはほとんどない。

ウイグル人のような「マイノリティ」が、宗教・文化・言語などの異なる「マジョリティ」の中で生きて行かざるを得ないとき、前者の思いや立場を後者に対してどのようにすればうまく伝えられるのか。あるいは、より多くの日本の人々にこの問題の難しさと重要性を理解してもらうために、これまでに私が知り得ることのできた知識や情報をどう表現していけばよいのか。そして「ナショナリズム」や「愛国心」「民族心」、そして「正義感」といった難しい問題を、どうとらえていけばよいのだろうか。そんなことに頭を悩ませている筆者に、本書に登場した亡命者たちは、極力自分の感情を押し殺し、客観的に物事を捕えようと、言葉を選びながら話をしてくれた。

付・ウイグル人の亡命者組織と、亡命ルートについて

①中華人民共和国の建国から二〇〇七年現在に至るまで、ウイグル人の亡命者及び移民が、新疆から国外に逃れたルートについて、簡単に述べたい。

中国人民解放軍が進駐して、中国共産党が新疆を実効支配しはじめた一九四九年十月を境に、中華民国政府の官僚であった者や、資本家や、共産主義に同調しない知識人などが次々と祖国脱出の道を選んだ。ヒマラヤを徒歩で越え、カシミールに向かったウイグル人には、著名な民族主義者で中華民国新疆省の高級官僚であったエイサ・ユスプ・アルプテキンやムハンマドイミン・ボグラらがいる。エイサはカシミールで「東トルキスタン難民協会」を創設し（イスタンブルに現存。「移民協会」と訳されることも）、協会の名で国連に保護を求める書簡を送付して、各国の支援を受けた。トルコと、次いでサウジアラビアが、最も多く難民を受け入れた。トル

コ政府はカイセリに約二千五百人が生活できる土地を用意した（この地への移民はヤルカンドやカシュガル出身者が比較的多い）。サウジアラビアは、メッカに近い高地のタイフに亡命者が集住した（ホタン出身者が多い）。

中ソ対立が激化した六〇年代からソ連解体までは、カザフスタンやキルギスなどのソ連領へ移民や逃亡するウイグル人が絶えなかった。ウズベキスタン・タシュケントのラジオ局やカザフスタン・アルマトイのラジオ局が、中国領内のテュルク系民族にソ連邦への逃亡を呼びかけたことが、脱出に拍車を掛けた。大躍進運動期の飢饉などが原因で六月には、六万とも言われる数の中国領テュルク系民族が、ソ連に逃亡した。

一方、この時代、中国共産党から政治的な迫害を受けて亡命を決意したウイグル人の中には、同じ共産圏であるソ連をさけて、貧しくとも自由主義の国であったアフガニスタンを目指した者もいた。例えば、「ラジオ・リバティ」に勤務したウイグル人アナウンサーのアニワルジャン（ドイツ在住）や、「自由アジア放送」に現在勤務しているウメル・カナットは、父に連れられてアフガニスタンに向かい、その地で長く亡命生活をおくった後、欧米に移民した。

ソ連邦が解体し、「上海協力機構」が成立すると、中央アジア諸国はウイグル人亡命者を受け入れず、中国へ強制送還するようになった。カザフスタン・キルギス・ウズベキスタン・ネパール・パキスタンのみならず、ミャンマー、サウジアラビアなども、ウイグル人で亡命を希望する者を中国へ強制送還している。このように「中央アジアルート」のリスクが高まると、遠回りではあるが、チベットからヒマラヤを越えてインドへ抜ける道を利用する亡命者が増えた。これはチベット人の協力を得る被圧迫民族ネットワークによる亡命ルートである。インド政府の亡命者への対応は良好であるものの、ヒマラヤ越えでは解放軍に銃撃されるケースが後を絶たない。

最近では雲南などを経由してタイやマレーシアなどの東南アジアの国に抜け、モスクに駆け込んでムスリムのネットワークで亡命先を模索するケースも増えている。

それでも、ウイグル人にとって最も近い「外国」は、中央アジア諸国である。政治亡命者の中には、貿易商を偽って国境を越えてカザフスタンやキルギスなどの旧ソ連圏に逃れ、到着するとすぐに国連難民高等弁務官事務所に駆け込んで亡命申請し、それがなかなか受け入れられない場合はその地を去って、安全上問題のあるアフガニスタンやイランを経由してでも、欧州やトルコを自分の足でめざす者もいる。逃走を援助するのは、テュルク系民族のネットワークである。

現在、国連機関を通じてウイグル人の亡命者を多く受け入れている国は、ドイツ、スイス、スウェーデン、ノルウェー、オランダ、イギリス等々の欧州諸国、それからアメリカ、カナダ、オーストラリア等である。いずれもキリスト教国だ。彼らは「人権の尊重」と「人道主義」の思想によって、イスラム教徒のウイグル人を受け入れているが、翻ってイスラム諸国は、近年むしろ亡命者に門戸を閉ざす傾向にある。

難民認定がなされ、受け入れ国が決まると、その国から居留が認可され、一定期間の観察と憲法理解などの試験を経て、国籍を与えられるというケースが一般的である。亡命者の受け入れ態勢は国によってまちまちで、スウェーデンのように語学学習プログラムが組まれ、学習期間は生活費が支給されるという手厚い保護がある国から、受け入れはするが経済的保証は一切しないという国まで、いろいろである。

②次に、各国のウイグル人組織の中で主要なもの、及び、活発に何らかの活動を行なっている団体について、ごく簡単に述べる。

●トルコ

トルコへのウイグル人亡命者は一万人を超えると言われている。

先述したウイグル人亡命者村のあるカイセリは、トルコの首都アンカラからバスで約四時間。村には「東トルキスタン文化と扶助の協会」本部があり、現会長はセイット・トゥムトゥルク。

事務所建物の敷地には「東トルキスタン国旗」青天星月旗がトルコ国旗と共にはためいている。パスポートさえ所持せず陸路で逃げてきた経済難民や政治亡命者は、この村でしばらくの間、養われることが多い。

アンカラには、「東トルキスタン文化と扶助の協会」の支部があり、支部長はハイルッラ・エフェンディギル。首都の立地をフルに生かして、外国大使館街などで積極的にデモを行なっている。また、アンカラには、ウイグル人知識人が多く在住している。

イスタンブルは、トルコの都市の中で、最もウイグル人が多い都市である。彼らの内の約八割が、ゼイティンブルヌ地区に居住しており、先述の「東トルキスタン難民協会」の事務所も、同地区に存在する。同協会は現在、新疆からトルコに移民したカザフ人が中心となって運営している。

イスタンブルの景観保護区、シェッフザーデバシュには「東トルキスタン基金会」の事務所があり、現会長はハミット・ドゥクトゥルク。名誉会長はリザベキン将軍である。デモなどの政治運動には関与せず、新疆からやってくる留学生に、受け入れ大学を斡旋するなど、教育支援を中心に行なっている。

トラム駅チャパの近くには「東トルキスタン教育と協力の協会」が事務所を構えている。役職には就いていないが、ここの真のリーダーはイスラム教の宗教家アブドゥカディル・ヤプチャンである。アブドゥカディルを慕ってここに集うウイグル人青年は多い。なお、「東トルキスタン・イスラム運動」(ETIM)のリーダーであったハサン・マフスムの師として名を知られるアブドゥカディルであるが、トルコでの長い生活も影響してか、以前に比べてずっと穏健になっていた。ETIMはハサンの死後、実質的に消滅しており、新疆各地でウイグル人ムスリムが行なう抵抗運動を、中国政府がすべてETIMのせいにしているのは妥当ではない。なお中国政府の「武装闘争に走る者＝イスラム原理主義者」との見方も正しくないと、筆者は考えている。死ぬかもしれない独立運動に身を投げ出す覚悟をするには、信仰を心が欲するのであろう。

「東トルキスタン解放機構」(ETLO)のリーダーであったメメットイミン・ハズレッティもイスタンブル在住だが、現在は一切、政治活動は行なっていない。

団体ではなく個人で特筆すべきは、イスラム教の宗教家であるアブドゥジェリル・トゥランで、彼はイスタンブルに於いて多くのウイグル語書籍を編集・出版している。

実質的な活動はしておらず、事務所も存在しないが、「東トルキスタン亡命政府」は、イスタンブル在住者が運動の主導的地位を占めていた。メンバーの主流は新疆から亡命したカザフ人の人々、及び「反エイサ・アルプテキン勢力」で、エイサの子エルキン・アルプテキンが呼びかけ人となった「世界ウイグル会議」に反発する人々であった。「反エイサ派」には、新疆が中華人民共和国の一部となってから教育を受け、八〇年代以降トルコに亡命してきた知識人が多く、エイサについては中国共産党史観とおなじく「国民党の犬である」との見解を持っている。だが、エイサに対するこのような評価は、亡命ウイグル人の中では主流ではない。二〇〇五年秋に分裂。

●ドイツ

「世界ウイグル会議」の総本部はドイツのミュンヘンで、ここはウイグル人亡命者の抵抗運動の中心地となっている。「世界ウイグル会議」には、全世界のウイグル人亡命者団体の約八割が参加しているとされ、各団体を繋ぐ中枢のような役割を担っている。ミュンヘンは五〇年代、アメリカが対ソ・対東欧謀略戦のために「ヴォイス・オブ・アメリカ」「自由ヨーロッパ放送」「解放ラジオ」を設けた場所で、民族主義者エイサ・アルプテキンの息子、エルキン・アルプテキンらが六〇年代からこのラジオ局で働き、旧ソ連領中央アジア在住のウズベク人やウイグル人らに「西側の声」を伝えていた。次第にウイグル人亡命者がこの地に集うようになり、現在に至っている。

穏健な宣伝が活動の中心である「世界ウイグル会議」には、独立のためには武装闘争も辞さないと公言する団体や、反エルキン・アルプテキン派は加盟していないが、前者との関係は険悪なわけではない。現会長はラビア・カーディル。

ホタン人のアブドゥジェリル・カラカシが主宰する東トルキスタン情報センターもミュンヘンにあるが、世界ウイグル会議とは独立した、別個の組織となっている（対立しているわけではない）。インターネットでの情報発信と情報収集を行なっている。

●アメリカ

アメリカはウイグル人亡命者の人権擁護運動に、最も出資している国である。一九九六年ワシントンDCに開設された短波放送RFA（Radio Free Asia　自由アジア放送）ウイグル語部門は十三人のスタッフを抱え、毎日の放送時間は二時間である。RFAを通じて、新疆のウイグル人は、国外にいる亡命者の動向をつかめるようになった。放送局はNPO組織の形態をとっているものの、アメリカ議会が強力なバックアップをしている。

現在、全米にウイグル人は約千人が生活しており、ワシントンDC周辺には約三百人が暮らしているという。UAA（Uyghur American Association　在米ウイグル人協会）には、その約半数が加盟している。傘下にはウイグル人権プロジェクトやウイグル文化協会が存在。

●中央アジア

百五十万人とも言われる中央アジアのウイグル人については、筆者はまだ詳細な調査をおこなっておらず、岡奈津子氏による一連の調査報告を参照してほしい。

ウイグル関係略年表

西暦	出来事
一八世紀後半	清国は乾隆期に中央アジアの東側（所謂「東トルキスタン」）を征服して支配を開始。その中で新疆という地域呼称が使用されるようになる。
一九一二	中華民国成立。楊増新が新疆省都督となる。
一九二一	ソ連領東トルキスタン出身者による会議の場で、自らの民族名を「ウイグル」とすることが決定される。
一九三三	東トルキスタン・イスラム共和国がカシュガルで成立（翌年崩壊）。
一九四四	東トルキスタン共和国がグルジャで成立。
一九四六	七月、中華民国政府と共同で新疆省連合政府を成立させる。
一九四九	八月、東トルキスタン共和国の首脳陣が「飛行機事故」で死亡（スターリンの指示によりモスクワKGB刑務所で殺害された」との説もある）。

	この頃、新疆から中華民国政府高官であったエイサ・ユスプ・アルプテキンやムハンマドイミン・ボグラが、インドを経てトルコへ政治亡命。
	一〇月、人民解放軍が進駐し、中国共産党政権が新疆の実効支配を果たす。
一九五一	四月、アルタイ出身のカザフ人の軍人、オスマン・バトゥルがウルムチの刑場で銃殺される。
一九五四	新疆生産建設兵団の発足。漢族の移住モデルとなる。
一九五五	新疆ウイグル自治区が成立。
一九五六	ウルムチで「東トルキスタン人民党」が蜂起するが軍により鎮圧される。
一九六二	グルジャ（イリ）からソ連へ約六万人とも言われるテュルク系民族が越境していく。
一九六四	中国、核実験を新疆で始める（九六年までに計四十六回の実験が行なわれた）。
一九六六	文化大革命によってイスラム教への迫害が顕著となる。
一九七九	中国が改革開放路線に転じ、メッカ巡礼の再開が許可される。
一九八五—八九	新疆大学などでウイグル人学生のストライキや民主を求めるデモが多発。
一九九〇	カシュガル近郊で「東トルキスタン・イスラム党」による反乱、バレン郷事件が発生。これ以降、九〇年代には破壊活動を伴う反政府運動が頻発する。
一九九一	ソ連解体にともない、中央アジア諸国が次々と独立・誕生。

一九九二	トルコのイスタンブルでウイグル人亡命者らによる「東トルキスタン民族代表会議」が開催される。
一九九六	四月、「イスラム原理主義団体への対策」の名目で、「上海ファイブ」が結成される。 五月、カシュガルでイスラム教宗教指導者であり自治区政治協商会議副主席であったアロンハン・アジの暗殺未遂事件が発生。
一九九七	二月、サッカー競技をめぐる公安と民衆の対立が引金となって、民族差別反対デモが発生。武装警察との大規模衝突が起こり、民衆に大勢の死者が出た（イリ事件）。また同月、ウルムチでバス爆破事件が発生。 （＊中華人民共和国改革開放以降、特に九〇年代に、ウイグル人と漢人との人口バランスの変化が顕著となる）。
二〇〇〇	西部大開発が始まる。
二〇〇一	六月、「上海協力機構」成立（中国・ロシア・カザフ・キルギス・タジク・ウズベク）。 九月一一日、アメリカNYの同時多発テロが発生。「テロとの戦い」は中国政府に東トルキスタン独立運動などを弾圧する口実を与えた。
二〇〇三	一〇月、パキスタン軍によって「東トルキスタン・イスラム運動」の指導者ハ

	サン・マフスムが射殺された。 一二月一五日、中国公安部「『東トルキスタン』テロ組織名簿」を公表。
二〇〇四	九月一四日、「東トルキスタン亡命政府」がアメリカで設立されるも、活動実態なし。 一〇月、「世界ウイグル会議」がドイツで成立。

〈初出一覧〉

第一章「諸君!」二〇〇六年五月号
第二章「諸君!」二〇〇七年四月号
第三章「諸君!」二〇〇六年十月号
第四章「諸君!」二〇〇七年二月号
第五章「諸君!」二〇〇七年九月号

以上の原稿に大幅に加筆しました。
それ以外は書下しです。

水谷尚子（みずたに なおこ）
1966年生まれ。日本女子大学大学院博士課程単位取得満期退学。近現代日中関係史が専門。中国人民大学、復旦大学などへ留学。現在、中央大学非常勤講師。著書に、『「反日」解剖——歪んだ中国の「愛国」』（文藝春秋）、『「反日」以前——中国対日工作者たちの回想』（同）、『日中戦争下中国における日本人の反戦活動』（共著、青木書店）がある。

文春新書

599

中国《ちゅうごく》を追《お》われたウイグル人《じん》
——亡命者《ぼうめいしゃ》が語《かた》る政治弾圧《せいじだんあつ》

2007年（平成19年）10月20日　第1刷発行

著　者　水谷尚子
発行者　細井秀雄
発行所　株式会社 文藝春秋

〒102-8008　東京都千代田区紀尾井町3-23
電話（03）3265-1211（代表）

印刷所　理想社
付物印刷　大日本印刷
製本所　大口製本

定価はカバーに表示してあります。
万一、落丁・乱丁の場合は小社製作部宛お送り下さい。
送料小社負担でお取替え致します。

ISBN978-4-16-660599-6

◆アジアの国と歴史

◆経済と企業

マネー敗戦　吉川元忠
情報エコノミー　吉川元忠
黒字亡国 対米黒字が日本経済を殺す　三國陽夫
ヘッジファンド　浜田和幸
金融行政の敗因　西村吉正
金融工学、こんなに面白い　野口悠紀雄
金融商品取引法　渡辺喜美
投資信託を買う前に　伊藤雄一郎
年金術　伊藤雄一郎
知的財産会計　二村隆章 岸 宣仁
サムライカード、世界へ　湯谷昇羊
日本国債は危なくない　久保田博幸
「証券化」がよく分かる　井出保夫
デフレに克つ給料・人事　蒔田照幸
人生と投資のパズル　角田康夫
企業危機管理 実戦論　田中辰巳

企業再生とM&Aのすべて　藤原総一郎
企業コンプライアンス　後藤啓二
敵対的買収を生き抜く　津田倫男
執行役員　吉田春樹
自動車 合従連衡の世界　佐藤正明
企業合併　箭内 昇
日本企業モラルハザード史　有森 隆
熱湯経営　樋口武男
本田宗一郎と「昭和の男」たち　片山 修
「強い会社」を作る ホンダ連邦共和国の秘密　赤井邦彦
西洋の着想 東洋の着想　今北純一
日米中三国史　星野芳郎
インド IT革命の驚異　榊原英資
ハリウッド・ビジネス　ミドリ・モール
中国経済 真の実力　森谷正規
「俺様国家」中国の大経済　山本一郎
中国ビジネスと情報のわな　渡辺浩平

＊

21世紀維新　大前研一
ネットバブル　有森 隆
インターネット取引は安全か　五味俊夫
IT革命の虚妄　森谷正規
石油神話　藤 和彦
文化の経済学　荒井一博
都市の魅力学　原田 泰
エコノミストは信用できるか　東谷 暁
成果主義を超える　江波戸哲夫
悪徳商法　大山真人
コンサルタントの時代　鴨志田 晃
高度経済成長は復活できる　増田悦佐
デフレはなぜ怖いのか　原田 泰
団塊格差　三浦 展

(2007. 8) C